trabalho organizado

THAIS GODINHO

trabalho organizado

Encontre equilíbrio e significado num mundo cada vez mais sobrecarregado

Editora
Rosely Boschini

Gerente editorial
Rosângela Barbosa

Assistente Editorial
Natália Mori Marques

Controle de Produção
Fábio Esteves

Preparação
Luciana Baraldi

Projeto gráfico e Diagramação
Join Bureau

Revisão
Vero Verbo Serviços Editoriais

Capa
Miriam Lerner

Imagens de capa e de miolo
Colorlife/Shutterstock
Freepik

Impressão
Edições Loyola

Dados Internacionais de Catalogação na Publicação (CIP)
Angélica Ilacqua CRB-8/7057

Godinho, Thais
   Trabalho organizado: encontre equilíbrio e significado num mundo cada vez mais sobrecarregado/Thais Godinho. – São Paulo: Editora Gente, 2018.
   256 p.

   Bibliografia
   ISBN: 978-85-452-0261-5

   1. Organização 2. Trabalho 3. Administração do tempo I. Título

18-0718   CDD 658

Índices para catálogo sistemático:
1. Administração: organização   658

Dedico este livro à minha avó, Silvia di Nardo, que faleceu logo após a conclusão da escrita do mesmo. E também a:

- Athena
- Joana D'Arc
- Simone de Beauvoir
- Chrissie Hynde
- Rosa Parks
- Rita Lee
- Julia Child
- Frida Kahlo
- Sheryl Sandberg
- Judith Butler
- Martha Stewart
- Djamila Ribeiro
- Suzi Quatro
- Marie Stopes
- Amelia Earheart
- Coco Chanel
- Cynara Menezes
- Millicent Fawcett
- Cate Blanchett
- Angela Davis
- Maria Montessori
- Patti Smith
- Janis Joplin
- Chimamanda Ngozi Adichie
- Madre Teresa de Calcutá
- Joanne K. Rowling
- June Carter
- Lita Ford
- Martha Ramey Banner
- Cleópatra

- Billie Holliday
- Elis Regina
- Paolla Carosella
- Ma Anand Sheela
- Rosa Luxemburgo
- Meryl Streep
- Joan Jett
- Elizabeth I
- Marie Curie
- Helena Rubinstein
- Aretha Franklin
- Helen Keller
- Cher
- Marilyn Monroe
- Oprah Winfrey
- Dilma Rousseff
- Scarlett Johansson
- Boudicca
- Angelina Jolie
- Madonna
- Serena Williams
- Charlotte Gainsbourg
- Kathryn Allen
- Ana Maria González
- Wanice Bon'Ávígo
- Erika Uliana
- Patrícia Lages
- Bruna Vieira
- Lia Camargo
- Danielle Noce
- Ana Paula Passarelli
- Clarissa Donda
- Natália Arcuri
- Fran Guarnieri
- Ana Carolina Soares
- Milena Teles
- Tatiana Feltrin
- Pam Gonçalves
- Julia Patrucco
- Joyce Coelho
- Carol Bernini
- Silvia Araújo
- Bel Godinho

E a todas as outras mulheres que, famosas ou não, dedicam ou dedicaram tempo ao trabalho da vida delas. Seria impossível citar todas. Este livro é para vocês.

Encontrei a felicidade ajudando
os outros a encontrá-la.

Napoleon Hill

Sumário

Capítulo 4

Fluxo   111

Capítulo 5

Rotinas 129

Capítulo 6

Equilíbrio 157

Prefácio

O que você quer com este livro?

Imagine que você tenha em suas mãos um cacho de uvas. É importante responder o que você quer com ele. Você poderia simplesmente comer as uvas, ou poderia – quem sabe – fazer uma geleia, um suco ou até mesmo um delicioso vinho.

Para este livro que tem em mãos (ou na tela) a pergunta é ainda mais importante, afinal de contas, o que você quer com ele? Pode ser que você seja um seguidor da Thais em seu blog e esteja curioso para saber o que ela falará; neste caso, uma leitura rápida, como um livro de lazer, talvez possa ser o que você deseja.

Mas pode ser que você não esteja feliz com o seu trabalho, com a forma do seu trabalho e veja neste livro um caminho de transformação. Neste caso, sugiro que substitua a palavra "leitura" por "estudo", pois este livro merece ser estudado, merece ser posto à prova no seu dia a dia e adaptado até que ele faça sentido para você.

Não estou defendendo um ou outro enfoque, mas é preciso que você decida qual será. Se for o de transformação pessoal, gostaria de lhe sugerir que verifique se sua vida tem agora espaço para essa transformação e de que magnitude seria. Você conseguirá dedicar quanto tempo ao estudo, e do livro à prática das ações? Sugiro que reserve um tempo de qualidade para seu estudo e que não tenha nenhuma pressa para terminá-lo.

Este é um livro para a vida. Não é um livro para ser lido e esquecido em alguma prateleira. É um livro para ser seu companheiro por anos. Um livro para ser desafiado e adaptado à sua realidade, que traz desde conselhos que podem rapidamente ser implementados na sua vida até reflexões que poderão mudar profundamente seu modo de ver o mundo e em especial o seu trabalho. Tudo vai depender do tipo de relacionamento que você deseja ter com ele e de qual relacionamento você tem condições de ter com ele agora.

Talvez o seu momento de vida não permita um envolvimento profundo; nesse caso, sugiro que o leia como se fosse um romance e guarde-o para quando puder se envolver a ponto de se transformar; tenho certeza de que mesmo uma leitura rápida dará origem a uma sementinha que aos poucos vai brotar no seu interior. Mas se o seu momento pedir e permitir que você se abra para uma transformação radical, saiba que você tem o livro certo nas mãos. E prepare-se, pois, a viagem será vigorosa e profunda.

Como é a Thais, de verdade!

Usualmente, o que vemos nas mídias sociais não representa a vida real. Vemos pessoas sorridentes curtindo a vida. No entanto, muitas vezes, sabemos que aquela pessoa da foto está passando por uma dificuldade tremenda, mas quer mostrar ao mundo que está ótima. No caso da Thais, isso não ocorre. A Thais das mídias sociais é a Thais de verdade. Ela não busca criar uma imagem diferente do que ela é, do que ela está vivendo.

De forma corajosa, ela abre o coração e escancara suas proezas e mazelas para que todos que a acompanham possam tirar lições para a vida. A Thais é um furacão, é uma força da natureza. Não tente ser igual à Thais, pois você vai se frustrar. Não é todo mundo que pode ser um Usain Bolt, mas você pode ser uma versão bem bacana de você mesmo, e é isso que a Thais procura fazer.

Ao se expor, ela inspira milhares de pessoas a buscarem o seu melhor. Ao compartilhar seus aprendizados e suas frustrações, ela não busca a fama e o reconhecimento: ela quer do fundo do seu coração ajudar as pessoas, para que vivam uma vida mais significativa e feliz.

As pessoas que mais admiro são aquelas que me dizem "não". E a Thais é uma dessas. Às vezes tenho uma oportunidade de trabalho que julgo maravilhosa e que tem a cara da Thais. Ofereço-a como algo irresistível. E recebo um delicado, sempre delicado, "não" como resposta. Outras vezes quero marcar uma conversa e ela me fala: "Esta semana não dá, poderia ser na semana que vem ou na outra?".

A Thais é extremamente focada e por meio do seu discernimento entre "sim" e "não" consegue realizar muito. Ela tem clareza de onde quer chegar no longo prazo e alinha seus passos do presente naquela direção. Com gentileza, vai removendo as pedras do caminho, e sempre dando passos coerentes. Sei quanto lhe custa "ignorar" um e-mail, pois seu coração é generoso e ela gostaria de poder responder a todos com carinho. Sei quanto lhe custa dizer tantos "nãos", pois é uma pessoa sensível, muito humana. No entanto, ela é o produto de muito trabalho, muitas experimentações, muitos acertos e muitos erros.

A Thais está em eterna mutação, sempre buscando melhores formas para se alinhar cada vez mais com seus valores e com seus princípios, os quais são imutáveis e inquestionáveis: a busca por inspirar as pessoas a viverem de modo pleno e significativo.

Desejo-lhe boa leitura e – quem sabe – boa transformação.

Daniel Burd
Coach, instrutor, palestrante,
e fundador da Call Daniel

Introdução

Por que um livro sobre trabalho?

Entendo trabalho como todo esforço organizado em busca de um resultado desejado. Empreendemos diariamente nas diversas iniciativas que promovemos, desde as nossas atividades profissionais em si até as atividades rotineiras, como consertar uma torneira em casa, tricotar um cachecol ou preparar uma receita para a família.

O trabalho, se buscarmos a origem da palavra lá atrás, vem do latim *tripalium*, que por sua vez é a junção de *tri* (três) com *palium* (madeira). Era basicamente um instrumento de tortura comum na Europa na Idade Média. Trabalhar significava "ser torturado". E quem trabalhava, quando surgiu essa palavra, eram as pessoas que não tinham posses – geralmente escravos ou pessoas muito, muito pobres.

Depois do latim, o termo passou para o francês *travailler*, que significa "sentir dor" ou "sofrer". Em alemão, a palavra *Arbeit* vem diretamente de "servidão" ou "escravidão". Com o passar do tempo, a palavra passou a significar "fazer uma atividade exaustiva" ou "fazer uma atividade difícil, dura". Apenas no século XIV o termo começou a ter o sentido mais genérico que é atribuído hoje, que é o de "aplicação das forças e faculdades humanas para alcançar um determinado fim".

Perceba que o termo "trabalho" dificilmente poderia ser associado a algo prazeroso ou ligado a um propósito por parte de quem trabalha. Neste livro, no entanto, esse será o nosso foco.

Nunca se falou tanto sobre trabalhar com o que se gosta e buscar o seu propósito. Será que conseguiremos ver em nosso trabalho uma atividade vital com sentido?

Quando uso o termo "trabalho organizado", refiro-me a uma organização que vem de dentro para fora. Não se trata apenas de organizar os e-mails ou ter uma agenda sob controle (apesar de que, sim, vamos aprender a fazer isso sem tanto esforço). Trata-se, acima de tudo, de encontrarmos valor no nosso tempo de vida e fazer dele algo com mais significado do que simplesmente ajustar o alarme para despertar de manhã e fazer algo de que não gostamos. Trata-se de deixar um legado.

A humanidade caminha diariamente de diferentes maneiras com relação ao trabalho. Todos os dias, pessoas ao redor do mundo acordam para enfrentar uma rotina profissional que pode variar de acordo com a região e o cargo relacionado. Nós, seres humanos, movemos a história adiante. Como cada um de nós poderia participar dessa construção social ao mesmo tempo que aproveita o próprio tempo de vida para a realização pessoal?

Vivemos em uma época em que as mídias digitais simplesmente fazem parte da sociedade e, portanto, das relações de trabalho. Recebemos diariamente uma quantidade massiva de informações. São tantas demandas, pessoais e profissionais, e mensagens provenientes de todas as frentes e todos os aplicativos possíveis, que isso tem causado sobrecarga e até mesmo o que se chama de ansiedade da informação. Vivemos em uma sociedade do cansaço, pautada no desempenho e na superprodução. Estamos exaustos. Sentimos a pressão vinda de todos os lados. Já não sabemos se existem limites. O chefe manda mensagem às onze horas da noite. Respondo ou não? Se não responder, corro o risco de perder o emprego – alguém mais dedicado pode responder antes de mim. Se responder, torno-me escravo de uma rotina 24/7 da qual não pedi para participar. O que fazer?

Grandes temas atuais quando se fala em trabalho são a mobilidade e a possibilidade de trabalhar em formato home-office ou no formato remoto – os chamados "nômades digitais". No entanto, precisamos atentar aqui não apenas para a mobilidade, mas para a conectividade permanente. O que essa conectividade tem feito conosco? O que ela tem feito pela nossa saúde, pelas nossas relações pessoais, e mesmo pelo nosso tempo de vida? Tem volta? Não, não tem. Então, como podemos viver dessa forma e ainda assim manter a sanidade, a tranquilidade e as nossas escolhas positivas no caminho que desejamos trilhar na vida? Como podemos desenvolver uma rotina de trabalho mais gentil conosco?

Trabalho organizado vai muito além da organização da rotina para que possamos viver sem tanto estresse. Na verdade, isso é o resultado de uma série de exercícios que faremos aqui juntos. O trabalho organizado é coerente. Nem sempre trabalharemos com aquilo de que gostamos. Isso é um privilégio, mas um privilégio que deve ser buscado, e não esquecido. Podemos, sim, aprender a gostar daquilo que fazemos no trabalho se esse trabalho tiver um propósito maior. E desse propósito nascerá a motivação para acordar, pegar trânsito, condução lotada, abrir uma caixa de entrada cheia de e-mails, enfrentar reuniões e outros desafios do cotidiano. Enfim, a ideia aqui é ajudar você a encontrar realização pessoal.

Meu propósito ao escrever este livro foi demonstrar que existem maneiras de lidarmos com o trabalho para que ele não seja uma fonte de estresse ruim. Que é possível ter um dia a dia mais tranquilo. E que, mais do que encontrar algo que você goste de fazer, encontrar significado no dia a dia não depende de situações externas, mas do que está dentro de você. Viver um cotidiano inspirado e construir a vida que queremos viver é o que me move. Vamos lá?

Um pouco sobre a minha história

Recentemente concluí que um dos meus propósitos de vida é ajudar as pessoas a serem menos estressadas no trabalho e a sentirem menos o impacto da opressão do emprego profissional na vida delas, buscando atividades com maior realização.

Há alguns anos, comecei a trabalhar ministrando cursos de produtividade e prestando serviços relacionados a profissionais, sendo contratada por grandes empresas e corporações. E o que encontrei, ao entrar em sala de aula, ao me relacionar com as pessoas, foram profissionais tristes, muitas vezes desmotivados e sem perspectiva de vida. Indivíduos com boa vontade, querendo "prestar serviço", mas literalmente soterrados em um cotidiano de demandas em excesso. Mais do que lhes ensinar produtividade – e mais do que ajudar a empresa que me contratou –, eu queria ajudá-los.

Vale dizer que, quando falo em produtividade, não me refiro a fazer mais coisas em menos tempo, ou com menos esforço. Eu me refiro a aproveitar melhor o tempo que nós temos. Muitas vezes, em um dia cansativo, a forma mais produtiva de aproveitar os próximos quinze minutos é parar um pouquinho para descansar, beber uma água, dar uma volta ao ar livre para desestressar. Aos poucos, no dia a dia, fui encontrando maneiras de tornar a minha rotina mais tranquila, mais significativa, menos mecânica, menos estressada, mesmo vivendo no mundo da sobrecarga.

Encontrar esse propósito, para mim, foi importante porque, quando encontramos sentido no que fazemos, isso nos ajuda a tomar decisões. E esse propósito me ajudou a definir o planejamento da minha própria vida dali em diante. Quero trazer essa experiência neste livro para você.

Quando falo para as pessoas que trabalho com organização pessoal, frequentemente escuto como resposta que eu devo "ser fanática por organização". Isso não poderia estar mais longe da verdade. Do meu ponto de vista, organização não é sinônimo de fanatismo, mas de praticidade. Não é sinônimo de uma mesa de trabalho limpa e arrumada o tempo todo (sua mesa pode estar limpa, mas sua mente pode estar cheia de preocupações). Organização também não é sinônimo de engessar a vida e "viver de acordo com listas".

Organização, para mim, é:

- Levar uma vida coerente com os meus valores, de modo que todos os meus projetos, objetivos, atividades em geral, de trabalho ou não, estejam alinhados com quem eu sou verdadeiramente.
- Ter em minha vida, em minha casa, apenas aquilo que é necessário para mim e os meus. E existem tanto necessidades físicas quanto necessidades de alma. Não tem a ver com a quantidade de coisas.
- Viver uma vida tranquila de modo geral, em todos os seus aspectos. Pensando no futuro, bem resolvida no passado e aproveitando o presente.

Quando falo em reduzir o estresse na vida das pessoas, vou nesse ponto porque sei que é uma das maiores "dores" humanas hoje. Passei por isso. Já fui uma pessoa muito estressada, ansiosa e fiquei doente por causa do excesso de trabalhos e demandas (internas e externas). Organizar-se, de certa maneira, é como andar de bicicleta. Mesmo que a gente aprenda, é só se distrair para se desequilibrar e cair para o lado. O segredo do combate ao estresse no dia a dia é saber se reequilibrar quando existir esse desequilíbrio, que fatalmente vai acontecer todos os dias – às vezes, mais de uma vez por dia. Aprendi algumas técnicas e práticas (que vou compartilhar com você neste livro) que me ajudaram a manter uma vida mais equilibrada, mesmo quando o mundo parecia desabar ao meu redor.

Além dos benefícios sentidos na rotina, a organização em si me ajudou a conquistar um estilo de vida que, do contrário, não sei se teria conquistado. Graças ao fato de ter me organizado minimamente, concluí projetos importantes e alcancei objetivos que me levaram a ter uma vida mais coerente com quem eu sou de verdade (e que, vale dizer, ainda está em construção!).

E veja: o objetivo não é conquistar sempre mais e mais. O objetivo é curtir as conquistas e vivenciá-las. Muitas vezes, uma conquista sequer significa uma mudança radical, mas estados como "deixar a minha situação financeira um pouco mais tranquila" ou "aperfeiçoar um idioma que vai me ajudar profissionalmente".

Listo abaixo algumas conquistas de vida que atribuo ao fato de ter me organizado. Meu propósito ao fazer isso é simplesmente mostrar o poder de transformação que a organização pessoal tem e inspirar você a se organizar também.

- Com relação aos estudos, desde a época em que era adolescente. Comecei a me organizar ainda na escola, para não deixar trabalhos e provas para a última hora. Depois, durante a época do vestibular, em que consegui passar no curso e na faculdade que eu queria. Durante a faculdade, a pós-graduação. No estudo de idiomas. Sendo autodidata para diversas habilidades que foram importantes na minha vida profissional, como a própria oratória, para trabalhar como professora e palestrante. Recentemente, nos estudos para o ingresso na vida acadêmica, formalmente falando, com um mestrado e grupos de pesquisa.
- Profissionalmente, o fato de ter aprendido a me organizar e a organizar a rotina de trabalho das equipes que já coordenei sempre me ajudou a progredir dentro das diversas empresas em que trabalhei. Também me ajudou a planejar uma transição de carreira, que fiz há alguns anos, deixando de trabalhar em agências de publicidade para me formar professora e escritora. Eu planejei essa transição. Todo esse processo foi importante para mim e o atribuo essencialmente ao fato de buscar me conhecer, ter metas e me organizar para alcançá-las.
- Criar um negócio "do nada". Comecei a escrever em um blog sobre organização e produtividade em 2006, apenas porque estava apaixonada pelo assunto. Aos poucos, fui me capacitando nessa área e desenhando uma transição de carreira, como comentei anteriormente. Quando comecei a escrever, abrir uma empresa parecia uma ideia muito distante. Hoje é a minha realidade.

- Escrever e publicar livros. Conheço muitas pessoas que têm esse sonho. Para mim, sonho organizado vira objetivo.
- Planejar a minha gravidez. Para uma mulher no mercado de trabalho, o planejamento de uma gravidez sempre é um momento delicado e cheio de receios. Conseguimos estruturar nossa família e nossos meios de trabalho para que eu pudesse engravidar, tivéssemos o nosso filho e iniciássemos a rotina escolar dele causando menor estresse e trauma possíveis a todos os envolvidos.
- Descobrir a minha missão pessoal. Não acredito que isso deva ser um objetivo. Você pode passar a vida inteira sem saber qual é "a sua missão". Não gosto de colocar pressão sobre esse assunto. Porém, ter descoberto os verdadeiros propósitos da minha vida e do meu trabalho (mais uma vez: em construção enquanto eu estiver viva!) deu mais sentido às coisas que posso fazer. Uma vez descoberto esse propósito, não se consegue mais ignorá-lo – o que me leva ao próximo tópico.
- Delinear uma coerência entre as diversas atividades profissionais que realizo. Formatar toda uma vida, sendo provedora da família, com um filho pequeno, para viver do que traz realização pessoal não é fácil. Tive medos e dúvidas, todos sanados por planejamentos. Consegui.
- Sentir que meu cotidiano é de fato construído diariamente por mim, com escolhas conscientes e a felicidade como caminho. Sinceramente, considero esta a principal conquista.

Nada acontece como milagre. Imaginar um resultado desejado e preencher o tempo e o espaço que existe entre quem você é hoje e o resultado que você quer atingir demanda foco, disciplina, planejamento. Sei que são palavras que parecem chatas; mas o importante é curtir essa jornada, mais do que esperar pelo resultado final. Na pior das hipóteses, pense que o tempo vai passar de qualquer maneira, você se preparando ou não. Este livro é sobre construção e curtição. Sobre como construir esse caminho e curti-lo ao mesmo tempo. Conquistas são consequências, não o objetivo final. E existem algumas bases que podemos pavimentar para caminhar sobre elas.

Outro ponto que considero importante citar sobre mim é a minha formação artística e cultural. Minha mãe é artista plástica e meu pai era músico. Eu cresci vendo o trabalho associado à criatividade, e essa característica se manifestará ao longo de todo o livro, como você verá. É possível ser produtivo e criativo, simplesmente porque, do meu ponto de vista, a criação nunca esteve desvinculada da produção.

Conceito de organização que vou trabalhar

Para começarmos a falar sobre organização do trabalho, preciso compartilhar um pouquinho o conceito de organização que abordo e pretendo utilizar em tudo o que foi escrito neste livro.

Organização, para mim, não é um fim em si mesma. Não acredito que alguém deva se organizar simplesmente para ser uma pessoa mais organizada e reconhecida por isso. Do meu ponto de vista, a organização é apenas um meio para que tenhamos mais qualidade de vida. E isso depende muito da vida de qualidade que buscamos em nosso cotidiano. Não se trata de fazer uma "lista de coisas a fazer antes de morrer", mas de buscar a felicidade todos os dias.

Muito se fala em encontrar o equilíbrio entre a vida pessoal e a vida profissional, mas a verdade é que nós temos diversas áreas em nossa vida que precisam ser equilibradas, conciliadas. Não se trata da divisão entre pessoal e profissional porque, em primeiro lugar, essa divisão não deveria existir. Se tivermos uma briga em casa, isso afetará nosso desempenho no trabalho. E um problema no trabalho geralmente afetará a maneira como lidamos com nós mesmos quando estamos em casa, supostamente descansando ou dedicando tempo a outras atividades que não são relacionadas a ele. O trabalho afeta quem somos, e vice-versa.

Temos, portanto, diversas áreas na vida que precisam da nossa atenção e do nosso foco. Trabalho é uma delas, muito importante, mas apenas uma, e essa área conversa com todas as outras, como finanças, relacionamentos, saúde, lazer, espiritualidade, criatividade. O conceito de organização que vamos trabalhar aqui buscará o equilíbrio dessas diferentes áreas, que na verdade se relacionam e constroem um todo que chamamos de vida.

Outro ponto importante a ser citado aqui é que o foco da organização em que acredito está na praticidade, na simplicidade e na funcionalidade. Organização não é estética. Organização não é perfeição. Você pode ter uma mesa de trabalho impecavelmente limpa ou uma estante arrumada com pastas e caixas etiquetadas, mas ter dentro delas papéis que você não sabe para que servem ou que guarda sem uma finalidade. Não dá para organizar tralha. No máximo, a gente esconde e finge que está organizada. E o mesmo vale para a nossa agenda, os projetos em que trabalhamos e as atividades que mantemos na vida apenas porque é mais fácil deixar tudo como está. A organização vai além disso. Você pode ter uma mesa que pareça bagunçada, mas estar trabalhando no projeto da sua vida. Organizar significa apenas encontrar soluções, e falaremos sobre elas nos capítulos seguintes.

Princípios importantes deste trabalho

ESTAR OCUPADO É DIFERENTE DE SER PRODUTIVO

Estamos acostumados a dizer que estamos ocupados e que não temos tempo. Nós sempre temos tempo – o que acontece é que, na maioria das vezes, pode ser que nossas prioridades não estejam claras. E, além de não estarem claras, não investimos tempo, diariamente, naquela que era a mais importante.

Será que você costuma repetir alguma das frases a seguir?

"Trabalho tanto, mas, ao mesmo tempo, parece que não fiz nada de importante."

"Estou extremamente esgotada(o) mentalmente, mas minha vida parece não sair do lugar."

"Estudei tanto, trabalhei demais mas, ao mesmo tempo que celebro minhas conquistas, não sei se eram exatamente o que eu queria."

Você se identificou com alguma dessas frases – ou com todas? Você pode estar sofrendo da síndrome da pessoa ocupada que não é produtiva.

Vamos falar sobre o que é ser uma pessoa produtiva?

Uma pessoa produtiva é aquela que sabe aproveitar o tempo que tem. Desde o que vai fazer nos próximos dois minutos até o que vai fazer nos próximos dois ou vinte anos. Não se trata de "engessar" a vida e saber exatamente o que vai fazer minuto a minuto, mas de desenvolver direcionamento correto e foco apropriado.

Ser produtivo não diz respeito ao trabalho, apenas. Se você tira férias e passa o tempo todo trabalhando ou mexendo no celular enquanto seus filhos o estão chamando na piscina, suas férias não foram produtivas. Ser produtivo(a) é fazer as coisas com significado. Cumprir o propósito daquilo que você se comprometeu a fazer.

Se você perceber que está passando muito tempo do seu dia extremamente ocupado(a), sem tempo para fazer aquilo que considera importante – e isso pode ser desde um curso para a sua carreira até deitar e descansar no sofá depois de um dia cheio, pergunte-se se você está sendo produtivo(a) ou apenas ocupado(a).

Em geral, o simples sentimento de frustração já traz a resposta. Cuide do seu tempo. É da sua vida que estamos falando.

Ah, e não vale se manter ocupado para disfarçar a falta de produtividade, ok? Você pode enganar os outros, mas não a si mesmo(a).

CAOS NÃO DEPENDE DO VOLUME DE COISAS A SEREM FEITAS

"Tenho 15 mil e-mails na minha caixa de entrada." "Minha chefe me pede coisas demais!" "Sou interrompido(a) o tempo todo no trabalho." "Quando chego em casa é tanta coisa para fazer que tenho vontade de chorar."

Falaremos muito, ao longo do livro, sobre como lidar com essas diferentes questões. Para iniciarmos, existem algumas recomendações que gostaria de sugerir desde já com a finalidade de ajudá-lo a lidar com o volume:

1 Delegue o que puder. Faça disso um exercício. O que sobrar, que você não pode delegar, já será o suficiente. Delego o tempo todo. E isso me dá uma liberdade imensa para fazer com calma e realmente bem tudo aquilo que só eu posso fazer.

2 Foque o mínimo necessário até aprender a controlar esse mínimo. O que quero dizer é que não é hora de começar a estudar francês se você sente que trabalhar na fluência do inglês traria mais impacto à sua vida agora.

3 Tenha padrões seus. Ou seja: "para o dia ser mais organizado, a que horas eu tenho de acordar? E isso significa que preciso dormir a que horas?" Não importa se você consegue dormir apenas cinco horas por noite porque trabalha e estuda – significa que você não vai dormir apenas durante quatro horas porque ficou olhando as redes sociais no celular por quase uma hora inteira ou mais.

4 Priorize a organização. O tempo que você passa descarregando a mente em uma lista no papel, esclarecendo cada um dos itens que escreveu, organizando em listas, revisando sua agenda e seus projetos não é tempo perdido nem "desejável", apenas. Ele é extremamente necessário e, sem ele, você jamais sairá da situação atual. Quando sinto que as coisas estão ficando confusas, paro o que estiver fazendo para me organizar. Essa é minha prioridade: ficar bem. Até para poder cuidar de todo o restante que está me aguardando.

5 Tire as coisas da mente. Acostume-se com a ideia de um "cérebro externo" e deixe a sua mente para ter ideias, ser livre, criar, escolher o que fazer, ou simplesmente estar presente.

Não aprendi a viver dessa maneira do dia para a noite. Mudo o tempo todo, aprendo novas maneiras de lidar com tudo o que entra na minha vida, ficando cada vez mais tranquila, mesmo nas condições mais adversas. Uma coisa é certa: volume por si só não é o problema, mas não é possível organizar tralha. Vale a pena tirar aquilo que não faz sentido no momento e esclarecer e controlar todo o volume que restar.

Outro ponto importante: a vida é feita de fases. Você passará por fases em que o volume de coisas a fazer estará maior e outras fases em que esse volume será menor. Aprenda a diferenciar o que é temporário daquilo que tem a tendência de se instaurar como rotina para sempre.

SOBRE TRABALHAR COM O QUE AMA

Outro tema bastante em pauta atualmente é a ideia de cada um buscar trabalhar com aquilo que ama. Essa é uma orientação que pode acabar gerando mais pressão que felicidade. Trabalhar com o que você ama é um privilégio. E, quando você consegue, pode perceber que não tem mais hobbies. O hobby virou o seu trabalho.

Achar que o trabalho só vale a pena se você trabalhar com o que ama pode gerar mais ansiedade e levar a um estado de insatisfação diária porque, mesmo quando conquistamos isso, nossa vida é mutável. Somos seres inconformados. Trabalhar com o que ama é ótimo, mas não pode ser o único parâmetro de felicidade.

Sou adepta do "para fazer o que ama, comece amando o que faz". Porque às vezes nossas vontades nos enganam, e a felicidade pode estar apenas a um clique da nossa mente, e não em outro lugar, outra pessoa ou numa situação externa.

NÃO É SOBRE "DICAS"

Sei que vivemos em um mundo corrido e com muitos prazos para ontem, e que "ninguém tem tempo" a perder com listas e "outras complicações". Mas, estudando muito sobre produtividade na última década, também aprendi que esse *modus operandi* não o levará a sair desse ciclo. O que aconteceu comigo, pelo menos, foi perceber que eu ficaria doente e poderia até morrer se quisesse seguir esse ritmo para sempre. Eu quis ir um pouco mais devagar – o que não significava ser menos eficiente. Eu só acreditava que nem tudo era "para ontem". Também acreditava que as coisas poderiam ser feitas com um pouco mais de antecedência e planejamento. E foi essa "crença" que me fez tomar a decisão de mudar. E aí eu saí do ciclo.

Porque pasme: o mundo não "acaba" quando você começa a colocar limites. Gera certas dores? Sim. E, quando a gente está no mercado de trabalho, tentando agradar chefe, empresa, colegas, família, bate uma insegurança tremenda. A gente não sabe se confia no próprio coração ou no que os outros dizem que é melhor a gente fazer. A grande verdade é que ninguém sabe muito bem do que está falando. A única pessoa que sabe é você mesmo(a). Porque o que é o ritmo de uma pessoa pode não ser o da outra. E dificilmente será.

Lido com isso diversas vezes quando vou ensinar uma pessoa a se organizar a partir do zero. Ela quer que a coisa aconteça depressa. Quer dicas práticas. Não quer que eu dê "mais trabalho". Então existe todo um esforço de conscientização para mostrar que não se trata de "batucar teclado" nem de "riscar itens concluídos da lista", mas de ver se você efetivamente está dedicando tempo às coisas certas. E essa pequena frase engloba uma infinidade de aspectos.

As pessoas, em geral, têm essa crença de que se organizar "dá trabalho". Então o mecanismo de defesa para evitar entrar nesse ciclo "trabalhoso" é pedir: quero dicas práticas! A questão, porém, é que "dicas" não resolvem o problema. Quer dicas? Ora, elas existem aos montes. Digite "dicas de organização" ou "dicas de produtividade" em qualquer mecanismo de busca na internet e você terá milhares de resultados. No entanto, "dicas" não resolvem nada se você não tiver um processo inteiramente seu, construído com base em suas necessidades e prioridades. Este livro serve para que você aprenda a desenvolver esse processo pessoal.

Produtividade não é fazer mais coisas. É investir tempo nas coisas certas. E o que são "coisas certas" varia muito – tanto quanto variamos como seres humanos. Por isso cada um faz suas escolhas. A pergunta é: as suas escolhas são coerentes? Você está construindo o estilo de vida que você quer ter?

Não me leve a mal: existem pessoas que gostam desse ritmo mais acelerado e volumoso. Em certo teor psicológico, até dependem disso. Se, porém, você está cansado(a), pare de pedir/pesquisar dicas e procure entender que se trata de um estilo de vida em que você só precisa dar o primeiro passo: decidir que não quer mais viver assim. O "como fazer" depende muito de cada um, e você vai aprender agora. Vamos começar?

Em que fuso horário você está?

Cada pessoa tem um ritmo. Vou falar um pouco sobre o meu.

Sou uma pessoa que gosta de fazer as coisas com significado. Mente plena. Atenção apropriada. Não gosto de coisas de última hora, malfeitas, desorganizadas, urgentes, porque sei que elas tiram a minha atenção apropriada e não é necessário que sejam feitas assim. Poderiam ter sido mais bem planejadas em 99% das vezes. Portanto, acredito que todos possam se beneficiar da organização. É um ato de respeito com você, sua família, seus colegas de trabalho, clientes e todos os que são impactados pelos seus atos.

Nem todo mundo trabalha o dia inteiro com a caixa de entrada dos e-mails aberta, respondendo cada mensagem que chega como se fosse um rebate do jogo de tênis. Nem todo mundo gosta de ficar o tempo inteiro batucando teclado. Nem todo mundo verifica o WhatsApp a cada três minutos. Nem todo mundo acompanha todas as atualizações e mensagens do Facebook diariamente.

Meu trabalho não se resume a isso. Sou escritora e preciso de períodos de concentração, distração e descanso. Prefiro tornar todos os meus dias calmos, porém com atividades coerentes com a minha vida, a trabalhar de maneira insana de segunda a sexta e desmaiar no sofá durante o fim de semana inteiro. Não quero dizer que este é o "modo certo" de viver – é como eu vivo. Se existe um modo certo de viver, do meu ponto de vista, é aquele que você construiu para si.

Para mim, é importante ficar longe do computador muitas vezes, por exemplo. Minha criatividade (que é fundamental para o meu trabalho) depende disso. É muito comum eu dedicar um ou dois dias, ou mais, para me concentrar em outra coisa. Meu trabalho (minha saúde, minha sanidade mental) depende de momentos como um passeio aleatório pela livraria ou regar as plantas no meio da tarde. Aí coloco uma resposta automática no meu e-mail, se ficar muito tempo fora, porque as pessoas precisam de um retorno. Eu respeito quem faz esse contato.

Também é muito comum eu não responder a um e-mail no minuto em que ele chega à minha caixa de entrada, porque eu o acesso com determinada frequência. Tenho muitas atividades na vida que gosto muito de fazer, porém elas me tomam bastante tempo. Se eu não for rígida com o que é prioridade para mim, minha vida vai ficar extremamente tumultuada. Já fui assim. Não quero mais.

É extremamente comum eu ser convidada a participar de muitas, muitas atividades. Eventos, parcerias, cursos, reuniões, viagens. E isso tudo é muito maravilhoso e importante, mas tenho outras coisas importantes na minha vida também – meu filho, minha saúde, minha escrita. Coisas que são prioridades. E definir prioridades é ter que dizer muito "não". Quando alguém não aceita um "não" meu, ficando desapontado(a) ou irritado(a), fico me perguntando que mundo é esse em que as pessoas simplesmente não aceitam que existem ritmos diferentes de levar a vida.

Para mim, é muito gratificante poder, em uma segunda-feira de manhã, acordar mais tarde, porque fiquei escrevendo no domingo à noite. Ou adiantar alguns e-mails no domingo, se isso me fizer ganhar horas na segunda-feira. Ou ir ao cinema na quarta-feira à tarde. "Mas Thais, a maioria das pessoas não pode." Isso significa que eu não posso? Eu também não podia até alguns anos atrás, mas fui construindo (ainda estou) um estilo de vida que me permitisse viver assim. E nem estou dizendo que é o certo. É o certo para mim, hoje. Pode ser que eu mude de novo algum dia se achar que é mais adequado para mim.

Quando falo que cada pessoa vive em um fuso horário diferente, estou me referindo ao tempo, ao ritmo de cada um. Gosto de sentar em uma cafeteria na Avenida Paulista e ficar vendo as pessoas passarem, enquanto ouço música pelo celular. Não gosto de correria; mas também sei aproveitar o meu tempo de trabalho – e sei que, muitas vezes, o que fazemos em oito horas pode ser feito em três ou quatro. Por saber aproveitar meu tempo, consigo criar espaço na minha vida para tudo aquilo que considero importante.

Foi o que me permitiu, em certo dia à tarde, terminar uma sessão de coaching e fazer uma caminhada. Depois voltei e continuei trabalhando. É algo que me deixa superdisposta para estudar uma apostila de curso à noite, se meu marido estiver assistindo a um jogo de futebol. Ou que me deixa com vontade de ir dormir mais cedo ou mais tarde em alguns dias, porque depende do que quero mais (dormir ou fazer algo) naquele momento. Só aproveito o meu tempo.

Por favor, pare de correr em direção a uma estafa mental. Aproveite o dia. Sei que nem todo mundo vai mudar isso do dia para a noite, mas inicie nessa direção. Se todos iniciarmos, mudaremos o mundo em que nossos filhos vão viver. Tudo a seu tempo, e cada um ao seu.

Valores

Para mim, ter uma vida organizada envolve a aplicação de quatro valores fundamentais, que são os pilares dessas práticas. São eles: coerência, autonomia, personalização e compaixão.

Coerência porque, para ter uma vida organizada, é importante que conheçamos e se expressemos nas diversas atividades da vida quem realmente somos. É buscar autenticidade no que fazemos. É não nos magoarmos internamente fazendo algo que vai contra quem nós somos de verdade.

Autonomia porque de nada adianta ler um livro sobre organização no trabalho, com dicas práticas, e não aplicar o que aprendeu com ele. Você precisa querer. Outro ponto aqui é que não dá para forçar uma pessoa a ser organizada. "Thais, como posso fazer com que meu chefe seja mais organizado?" Não pode. Mas você pode dar o exemplo. Falaremos bastante sobre isso ao longo do livro.

Personalização porque não existem regras escritas em pedra. Tudo o que você lerá aqui é fruto de anos de experiência e de muita capacitação, certamente. Entretanto, é apenas o meu lado da história. Espero que você pegue cada prática que aprender aqui e adapte à sua vida, fazendo do seu jeito. No entanto, tente sair da zona de conforto, pois muitas vezes o que você tem feito não o tem ajudado (e até por isso você pode ter buscado este livro). Pegar o que você aprendeu aqui e adaptar à sua realidade é essencial para fazer dar certo. Não quero encaixar você na minha caixinha. Quero ajudá-lo a adaptar a sua, para que você mesmo(a) possa decidir se quer sair dela e como vai fazer isso.

Compaixão porque, quando nos organizamos, nós nos tornamos referência para as outras pessoas. Impactamos o mundo à nossa maneira. Como falei anteriormente, não podemos forçar uma pessoa a se organizar, mas podemos nos tornar exemplo para ela. E ser uma pessoa organizada impacta todo mundo ao seu redor. Você mostra cuidado, carinho, responsabilidade, e as pessoas sentem. Dá segurança a elas, que confiarão mais em você. Em um mundo onde todo mundo está tão estressado, ser uma pessoa tranquila e organizada é realmente um ato de compaixão, que pode ser passado adiante.

Esses valores norteiam o que costumo ensinar às pessoas sobre o processo de organização pessoal, e você os verá expressos em todos os capítulos deste livro.

Princípios de uma vida organizada

Pode ser importante citar que o tipo de vida organizada em que acredito é pautado em alguns princípios:

1 O princípio da mente tranquila: se deixarmos, chegaremos ao final de cada dia de trabalho extremamente cansados, com muitas preocupações na cabeça. Vamos aprender como a organização pode contribuir para um estado mental mais tranquilo.

2 O princípio do dia a dia tranquilo: no geral, a vida da maioria das pessoas é tomada pela sensação de "correria". Achamos que nunca temos tempo para nada. Vivemos pulando de uma reunião para outra, pegando trânsito, conciliando diversos compromissos. Vamos aprender a ter uma rotina mais equilibrada e, por isso mesmo, mais tranquila.

3 O princípio do empoderamento para falar mais "não": a grande característica das pessoas organizadas é falar muito "não" o tempo todo, não só para as outras pessoas como para elas mesmas. Ideias, oportunidades e projetos podem surgir o tempo todo. Não é possível fazer tudo. Por isso, nossas prioridades precisam estar claras, e essa clareza nos ajudará na hora de dizer "não" e focar aquilo que for realmente importante.

4 O princípio do equilíbrio de maneira geral: não se trata de dividir pessoal e profissional, mas de buscar o equilíbrio dos diversos tipos de atividade no nosso cotidiano.

5 O princípio de se estressar menos: se permitirmos, o mundo "desabará na nossa cabeça" diariamente. Imprevistos e urgências acontecerão o tempo todo, mas existem técnicas que podemos usar para que não impactem negativamente na nossa rotina causando um estado de estresse negativo.

6 O princípio de encontrar propósito nas pequenas coisas: não precisamos ter uma missão pessoal definida para aproveitar bem e melhor os momentos do nosso dia a dia. Encontrar propósito nas pequenas coisas é um princípio para que consigamos nos fazer presentes e aproveitar cada momento sem a sensação de que deveríamos estar fazendo qualquer outra atividade.

Ter esses princípios expressos significa que eles serão nosso ponto de partida para a organização da vida e do trabalho. De nada adianta organizar seus afazeres se você não tem tranquilidade ou se isso causa lhe mais estresse. Não quero que perca tempo organizando as suas coisas. Por isso, você pode ter a tranquilidade de saber que o que será ensinado aqui se pautará sempre nos princípios relacionados anteriormente.

Como viver uma vida com menos estresse: passo a passo

Viver uma vida com tranquilidade é uma arte e, como toda arte, é uma habilidade a ser desenvolvida por toda a vida.

O que é o estresse? É um estado físico gerado por estímulos externos que provocam excitação emocional e perturbam o nosso organismo, levando-o a disparar um processo de adaptação e liberação de substâncias que causam diversas consequências sistêmicas.

O estresse é sempre ruim? Não necessariamente. No entanto, hoje, o que a maioria das pessoas vive é uma situação de estresse constante advinda de contextos como relacionamentos conturbados, excesso de trabalho, preocupações, filhos com problemas, muitas atividades e compromissos, pouco sono, má alimentação, ausência de atividade física e de momentos de lazer, além de outros fatores.

Vamos então bater um papo sobre como podemos lidar com o estresse em nosso cotidiano.

O MUNDO NÃO PÕE LIMITES

Veja só: o caos não vai deixar de existir apenas porque você passará a ser uma pessoa mais organizada; porém, você pode pôr limites. Se não puser de maneira consciente, seu corpo pode forçá-lo a fazer isso. A pergunta é: você quer esperar isso acontecer para tomar uma providência? Por exemplo, se sofresse um infarto hoje e tivesse de ficar um mês sem trabalhar, como as coisas se arranjariam no seu trabalho? O que seria delegado? O que poderia esperar? Veja: você não precisa passar por uma situação extrema como essa para realizar essa seleção. A ideia é refletir sobre essas perguntas e iniciar imediatamente esse processo de mudança.

VOCÊ NÃO PRECISA RESOLVER TUDO

Já ouviu falar no "abraço do afogado"? Não adianta você querer salvar o colega que está se afogando ao seu lado se você mesmo(a) não sabe nadar. Ambos vão se afogar. Ajudar os outros é louvável – tenho isso como um grande valor para mim, mas também sei que, para ajudar, preciso estar bem. Não adianta querer ser a "mãe do ano" amamentando o bebê sem conseguir dormir e descansar, pois esse cansaço pode prejudicar outras frentes com o próprio bebê (confundir um remédio, por exemplo). Permita-se deixar algumas coisas de lado e pedir ajuda, ou simplesmente dizer que não tem como ajudar no momento. Muitas vezes, o feito é melhor que o perfeito não feito.

NEM TUDO TEM SOLUÇÃO NO MOMENTO

Existe uma máxima budista que diz: "Se as coisas têm solução, não precisa se preocupar. Se não têm, também não precisa.". Muitas vezes, só precisamos de um tempo e a solução vem sozinha em formato de sonho ou de "clique". E, se não tiver solução, aceite isso internamente e deixe o sentimento ir. Muitas vezes, algo tem solução, mas você não consegue enxergá-la naquele momento. Será que você precisa de um tempo? Dê-se esse tempo. Chute um pouco o balde. Tomar decisões expressivas com pressa pode gerar arrependimentos. Se não precisa de tempo, será que precisa de mais informações? Busque as informações. E, depois, dê-se tempo para decidir. Não cobre uma decisão. Se você não consegue decidir, pode simplesmente não ser mesmo a hora de tomar a decisão, e isso é ok!

TIRE O QUE NÃO FOR ESSENCIAL

Dê uma olhada em suas atividades rotineiras, seus projetos, seus relacionamentos e faça uma seleção sincera daquilo que você realmente precisa manter na sua vida no momento. Pode ser que precise aguentar os problemas e a desorganização do seu chefe, mas não precise aguentar as fofocas de um colega de trabalho. Uma coisa você pode cortar, a outra não, mas já cortou algo! E uma coisa a menos, somada a outras, fará diferença no todo.

PENSE EM MÉDIO E LONGO PRAZOS

Pare de focar durante um tempo as atividades do dia a dia que são muito volumosas. Dê uma olhada em tudo o que já fez até aqui e pense um pouco no que gostaria de fazer nos próximos anos. Ter esse tipo de reflexão ajuda a pôr os pensamentos em ordem, e muitas vezes isso é o suficiente para destralhar e focar o que é mais importante agora. Se você nunca fez esse exercício, neste livro você encontrará diversos tutoriais para fazê-lo. Não se preocupe!

A melhor maneira de começar a organizar o próprio trabalho

Este livro foi elaborado de maneira que você possa consultar os capítulos independentemente, de acordo com o que estiver sentindo mais necessidade no momento. Proponho uma ordem que pode ser seguida e, se você quiser, apresento-a abaixo.

Esta introdução traz valores, princípios e conceitos básicos de organização que serão trabalhados. Conhecê-los é importante para entender como esse assunto será abordado ao longo do livro.

No **Capítulo 1**, você vai conhecer o básico sobre o que entendo como planejamento de atividades. A diferença entre organização e planejamento, que é essencial, assim como os planejamentos que recomendo e que serão abordados ao longo do livro.

No **Capítulo 2**, falaremos sobre foco, tema tão recorrente nos dias de hoje. Como encontrar foco quando tudo chama nossa atenção, em um mundo de distrações? O que é realmente importante? Nesse capítulo, vamos ao âmago do que realmente importa: quais seus propósitos e por que você está aqui. Isso será fundamental ao definir o foco apropriado, dia após dia.

No **Capítulo 3**, falaremos sobre o poder de criação que todos temos. Como criar o estilo de vida mais apropriado, de acordo com quem somos? O que são objetivos e projetos, e como eles se encaixam em um trabalho organizado. Tudo isso você encontrará nesse capítulo.

No **Capítulo 4**, você vai encontrar dicas práticas e técnicas para facilitar o fluxo do seu trabalho diariamente. Situações como imprevistos, interrupções e procrastinação são comuns, então como podemos lidar com elas? Criatividade e produtividade podem caminhar juntas? A resposta é "sim", e nesse capítulo você aprenderá como fazer.

No **Capítulo 5**, entraremos na questão da rotina e da construção de uma (mesmo que você acredite que não seja possível). Veremos como tornar o nosso trabalho mais tranquilo por meio de técnicas testadas e aprovadas de organização e também utilizando checklists.

No **Capítulo 6**, você aprenderá como ter um dia a dia equilibrado por meio da harmonia das diversas áreas da sua vida. Isso também o ajudará a não perder de vista o que é realmente importante. Se você considera nunca ter tempo, esse capítulo é especial para você.

No **Capítulo 7**, falaremos sobre ferramentas. Como ferramentas, aplicativos e recursos que existem no mundo da produtividade podem nos auxiliar na organização do trabalho? Como organizar a agenda, uma lista de tarefas ou a imensa quantidade de e-mails? Tudo isso e muito mais você encontra nesse capítulo.

Com este livro, não tenho a pretensão de ajudar você a descobrir quais são os grandes propósitos da sua vida. Também não acredito que você deva pôr pressão sobre essa busca. Meu propósito com este livro é ajudá-lo(a) a encontrar significado em um mundo de sobrecarga. A vida não é feita de grandes propósitos, mas do significado que encontramos nas pequenas coisas do cotidiano. Acredito de verdade que um trabalho organizado nos ajude a ter uma vida mais feliz, porque diz respeito diretamente à nossa realização pessoal. E essa é uma construção sua com a qual espero simplesmente ter a possibilidade de contribuir de alguma maneira.

Vamos começar a colocar a mão na massa e abordar temas mais práticos, então.

Capítulo 1

Planejamento

A diferença entre organizar, planejar e registrar

Há algum tempo tive um insight sobre a natureza desses três termos e, por meio de pesquisas e observações, cheguei a algumas conclusões interessantes que me ajudaram a entender como a minha organização pessoal funciona e como pode ser aplicada à sua vida também.

Organizar, planejar e registrar são três atividades relacionadas à nossa organização pessoal, mas que têm naturezas diferentes. E, por terem naturezas diferentes, demandam ferramentas, técnicas e comportamentos diferentes para que não causem confusão.

Vamos às definições:

Organizar, segundo o método GTD (*Getting Things Done*, criado por David Allen, um método que utilizo há mais de uma década para a minha organização pessoal), significa colocar os itens nos lugares que combinem com o significado de cada um. A organização é algo que você (1) pensa, esclarece, (2) encontra uma solução de armazenamento e (3) armazena. Isso serve tanto para objetos em casa quanto para projetos em uma lista. É a organização que lhe permite acessar muito rapidamente qualquer tipo de informação que você precisa consultar de maneira confiável. Por exemplo, se eu estiver ao telefone agendando uma consulta no dentista e precisar saber se tenho tempo livre para isso na quarta-feira que vem, preciso acessar a minha agenda (ou a ferramenta que eu utilizar para organizar esse tipo de informação) e saber com certeza se posso agendar em algum horário naquele dia ou não. Não preciso ter dúvidas se tenho uma reunião no mesmo horário ou qualquer outro compromisso. Se eu tivesse, estaria ali. Sei o que posso ou não agendar, porque as informações inseridas ali por mim mesma, diariamente, são confiáveis. O mesmo vale para listas de ações e outras que, depois de esclarecer, organizo em um lugar adequado.

Planejar significa "elaborar um plano" ou "programar". Ok, tenho as minhas informações organizadas, porém quero elaborar um plano para executá-las. Por exemplo, se eu tiver uma prova na faculdade na próxima quinta-feira, como posso me programar para estudar todos os tópicos? Posso distribuir isso ao longo dos dias? Posso criar "cronogramas internos", meus, para executar bem aquela atividade? Isso vale para os planejamentos diários, semanais, a distribuição do tempo para atividades semelhantes, o planejamento de deslocamentos. O planejamento é algo que se baseia nas informações organizadas, mas que você usa como um recurso seu, pessoal, intransferível, para fazer as coisas acontecerem. E será diferente da pessoa ao seu lado, mesmo que vocês trabalhem no mesmo setor, no mesmo cargo, ou sejam estudantes de um mesmo curso. Outro exemplo é o estudo de um idioma. Quero me programar para estudar o idioma na segunda-feira à noite, mas sei que esse compromisso é diferente do compromisso que tenho na quarta à noite, que é a aula na escola de idiomas. Geralmente, os planejamentos têm mais mobilidade que as informações organizadas. Isso não significa que lhes daremos menos importância – apenas que têm natureza diferente.

Muitas pessoas se desorganizam no cotidiano porque confundem uma atividade com a outra. Colocam, em um mesmo lugar (exemplo: agenda) tanto as informações organizadas quanto as informações planejadas. E aí você se depara com um dia cheio de 26 "tarefas" e não sabe nem por onde começar. Isso o sobrecarrega e confunde. Algumas tarefas precisam ser feitas naquele dia; outras, não. Toda vez que misturamos organização com planejamento nos sentimos sobrecarregados mesmo, e não é à toa. No fundo, o nosso cérebro sabe que tem alguma coisa errada quando consultamos aquela informação, que muitas vezes acaba nos distraindo.

Registrar, no entanto, significa montar uma biblioteca pessoal, de referência, para consultas específicas. Aqui entram os diários, *logs* de atividades, registros de projetos concluídos e um mundo de outras informações que podemos querer armazenar como referência, mas que já não demandam nenhum tipo de ação da nossa parte. O que orienta o armazenamento desses registros é a facilidade para encontrá-los mais tarde. Se um dia você precisar realizar uma consulta, como seria mais fácil ter acesso a essas informações?

Todas essas questões são relevantes para as pessoas que buscam uma vida organizada, e para cada pessoa haverá respostas diferentes, pois a maneira como você se organiza deve se adequar ao que funciona melhor para você.

Cada vez que misturamos as ações de organizar, planejar e registrar, os resultados são sobrecarga e confusão. Entender como cada uma dessas ações funciona nos leva a compreender melhor como é a nossa vida e como podemos organizar, planejar e registrar nossas informações pessoais.

Quando entrarmos na parte prática da organização, nos próximos capítulos, citarei essa distinção sempre que possível, a fim de esclarecer como essas atividades diferentes se relacionam.

O que preciso ter para planejar?

Quando se fala em planejamento, duas coisas vêm à mente: 1) "dá trabalho" e 2) não tenho o que é necessário. Balela! Você já tem tudo o que você precisa: sua mente. E, é claro, papel e caneta, ou qualquer ferramenta que você geralmente utiliza para fazer anotações.

É importante entender que o planejamento não é um evento ou algo que se faz só de vez em quando. Planejar as nossas atividades, com variadas frequências, faz parte da vida. Todo mundo já se obrigou a sentar e fazer uma lista de tarefas para se organizar em um dia cheio de coisas para fazer, assim como já fez uma lista de resoluções ou metas para o ano-novo. Planejar faz parte da nossa vida e é tão importante quanto qualquer outro tipo de atividade. Não é algo para fazer "se der". É algo para fazer justamente "para dar"! Para ter tempo, para antecipar as coisas, para não sair atropelando tudo e fazendo de qualquer jeito.

Existem diversos tipos de planejamento e vou citar os que recomendo:

- Planejamento por situação ou projeto: viagem, volta às aulas, mudança etc.
- Planejamento por frequência: anual, mensal, diário etc.

O planejamento por situação é aquele que em geral fazemos quando sentimos necessidade de organizar alguma coisa. Quando uma equipe se junta para definir as fases de um projeto da empresa, ou quando você planeja o roteiro de uma viagem que vai fazer. Esses planejamentos dependem muito de cada situação e da complexidade dela. Você pode ter projetos simples (organizar a viagem do fim de semana), assim como alguns mais complexos (implementar um novo sistema de intranet na empresa).

A coisa pode se aprofundar tanto que existe algo chamado gerência de projetos, com curso, certificação, especialização e muito estudo envolvido. Caso você se interesse, é uma área profissional muito ampla para você curtir. E é claro que, para os seus projetos pessoais (seus como indivíduo, mesmo os projetos de trabalho, pelos quais você é responsável), você não precisa saber tudo isso. Para esses projetos, você pode usar algo mais simples e intuitivo mesmo.

O planejamento por frequência é o que deixa a vida mais interessante porque é uma maneira de manter a vida sob controle e com perspectiva. As prioridades ficam claras. Nada passa despercebido. Você prevê situações, antecipa-se e consegue ter uma vida mais organizada.

Por que é importante, por exemplo, fazer um planejamento anual? Vamos ver adiante como fazer exatamente, mas a ideia é ter uma visão geral do ano que está vindo, férias (suas e dos seus familiares ou colegas de trabalho, que impactam diretamente na sua vida), viagens, feriados, sazonalidades, grandes eventos, aniversários. Com isso, dá para ter um panorama do ano-novo e prever alguns acontecimentos, ou até mesmo verificar que época seria legal para iniciar determinados projetos (exemplo: reforma da cozinha). Também serve para analisarmos nossos objetivos de médio e longo prazos e verificar se estamos no caminho certo.

Cada frequência de planejamento traz seus benefícios. O planejamento semanal, por exemplo, dá mais controle de prazos, compromissos e deslocamentos. Todos os planejamentos por frequência nos ajudam a ter uma vida mais tranquila e organizada.

Sobre ferramentas, repito o que falei lá no começo: você precisa apenas de ferramentas simples, mas fique à vontade para usar aquilo que curte mais, porque gostar do processo é parte importante desse planejamento. Nada de usar uma planilha se você detesta aquele visual. A efetividade da organização tem tudo a ver com respeitarmos a nossa essência, porque só assim conseguimos fazer com que ela se torne um hábito real.

Planejamentos que vamos trabalhar

Existem diversos planejamentos que podem ser feitos para facilitar a rotina do dia a dia. Vou trazer exclusivamente os planejamentos por frequência neste capítulo e, em capítulos posteriores, apresentar dicas para planejamentos por situação, sempre que apropriado.

PLANEJAMENTO ANUAL

QUANDO FAZER: a partir de outubro e antes de dezembro
DURAÇÃO: de 60 a 90 minutos
O QUE FAZER:

- Verificar as férias (suas e das outras pessoas da sua família)
- Planejar viagens (férias e feriados)
- Planejar grandes entregas profissionais (exemplo: algum evento que você organize)
- Definir metas profissionais para você ou para a sua área
- Inserir datas de eventos significativos na agenda (exemplo: Copa do Mundo ou Olimpíadas)

PLANEJAMENTO TRIMESTRAL

QUANDO FAZER: a cada mudança de estação
DURAÇÃO: de 60 a 90 minutos
O QUE FAZER:

- Verificar os projetos concluídos
- Planejar projetos para o próximo trimestre (entregas)
- Verificar os objetivos alcançados
- Planejar o alcance de metas para o próximo trimestre

PLANEJAMENTO MENSAL

QUANDO FAZER: por volta do dia 15 de cada mês, planejando o mês seguinte
DURAÇÃO: de 60 a 90 minutos
O QUE FAZER:

- Revisar as áreas da vida para garantir que estejam em equilíbrio e, se não estiverem, definir ações, projetos ou objetivos para alcançar o estado que deseja obter.
- Revisar as suas responsabilidades no trabalho com o mesmo propósito. Será que existem responsabilidades sendo negligenciadas? Será que algumas responsabilidades podem ser melhoradas?

- Verificar a agenda para o mês a fim de identificar providências a serem tomadas com relação a prazos, compromissos, viagens e outras atividades.
- Planejar a execução de determinados tipos de atividade, especialmente as que envolverem blocos maiores de tempo.
- Verificar a checklist de atividades que precisam ser realizadas mensalmente. Você pode construir essa checklist de acordo com as suas demandas de trabalho (basta listar tudo aquilo que precisa verificar mensalmente).
- Fazer uma análise do mês que está em andamento. Como está o desenvolvimento dos seus projetos e objetivos? Há alguma coisa que você gostaria ou precisaria concluir antes do fim do mês em questão?

PLANEJAMENTO SEMANAL

Uma das coisas que mais me ajudam a ter um dia a dia organizado é planejar a semana como um todo, semana a semana. Gosto de fazer esse planejamento no domingo de manhã e ele leva cerca de meia hora, mas é fundamental para o andamento tranquilo da minha semana que está começando.

Quando fazer: entre sexta e segunda
Duração: de 30 a 60 minutos
O que fazer:

- Revisar o calendário da semana para conhecer o cenário geral e confirmar horários dos compromissos. Garantir que todos os seus compromissos da semana estejam na agenda.
- Revisar outras agendas que possam ter compromissos relacionados a você e passar aqueles necessários para a sua agenda. Por exemplo, pode ser que você precise verificar um calendário da equipe, dos seus filhos, do seu chefe etc.
- Inserir informações úteis nos compromissos da semana. A ideia é deixar dentro dos compromissos todas as informações que

possam facilitar a execução de cada um deles (por exemplo: o endereço de um consultório médico, o número da reserva de um voo, entre outros).

- Planejar e inserir períodos de deslocamento ao longo da semana. A ideia é que você planeje esses trajetos uma vez por semana e, no dia a dia, não precise ficar pensando a que horas precisa sair e como irá até o local.
- Garantir que haja tempo para coisas essenciais para você (exemplo: dormir oito horas por noite, ficar com os filhos, ter momentos de lazer, entre outras).
- Coletar providências diversas para facilitar os eventos da semana. Se você tiver uma reunião na quinta-feira, por exemplo, que demanda a leitura de um artigo, você não deixará isso para a última hora.
- Verificar quando e como você vai conseguir se dedicar aos seus hobbies ao longo da semana para que você curta mais cada dia.
- Perguntar: tem alguma coisa que posso tirar desta semana para ela ficar mais tranquila?

PLANEJAMENTO DIÁRIO

Planejar o dia é algo importante que não está separado do planejamento que fazemos da semana, do mês e até de mais tempo. Aliás, não recomendo que você apenas planeje seu dia, sem planejar períodos mais longos, porque quando a gente faz isso acaba fatalmente trabalhando em cima apenas do que for mais urgente. E já sabemos que o urgente nunca é o mais importante – só é o que está gritando mais alto. Se trabalhamos sempre desse modo, assumimos uma postura reativa perante a vida e as outras pessoas, o que não é legal. Deixar tudo para a última hora e trabalhar sob estresse é algo muito distante do que podemos considerar uma vida organizada.

Ao começar o seu expediente (e isso pode ser tanto ao chegar no escritório como quando você efetivamente começa o seu dia de trabalho em casa), a primeira coisa que você deve fazer é abrir a sua agenda e ver como será o seu dia. Utilizo a agenda do Google. Então, quando abro, deparo-me com um cenário assim:

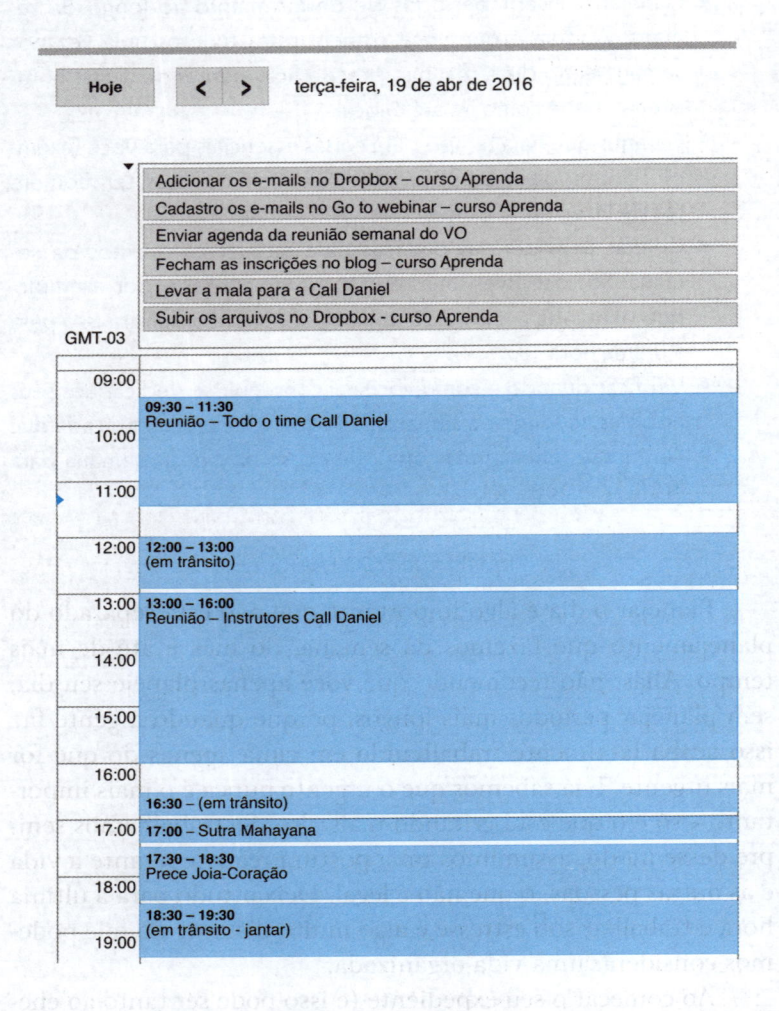

O que tenho em cada dia da semana é fruto do planejamento semanal que fiz na semana anterior. Na parte superior do dia, em cinza-claro, tenho ações pontuais (que precisam ser feitas apenas naquele dia) e informações relevantes para o dia em questão (como prazos e lembretes). Na parte de baixo, com os horários, em azul, tenho os meus compromissos com data e hora. Perceba que já planejo a que horas preciso sair de casa, quando a reunião for externa, e os períodos que estarei em trânsito. Isso me ajuda a não ter de ficar pensando todo dia (e errar ou me atrasar, fazer as coisas com pressa) a que horas preciso sair e que trajeto tomar, por exemplo.

Ao consultar a minha agenda para o dia, consigo ter uma visão geral de onde preciso estar e do que precisa ser feito. Já consigo ter uma ideia quando faço o meu planejamento semanal porque, por exemplo, no caso anterior: é um dia cheio de compromissos, mas tenho ações pontuais também. Ou faço antes de sair de casa ou nos intervalos entre os compromissos.

E aqui entra uma recomendação importante também: trabalho primeiro, primeiríssimo, naquilo que está com prazo na minha agenda, naquelas ações pontuais ali em cima. Não vou fazer outra atividade das minhas listas enquanto não resolver aquilo que está ali, porque sei que aquilo é o que preciso fazer no dia. Isso é maravilhoso porque dificilmente vou perder algum tipo de prazo e atrasar o que quer que seja. E perceba que as informações vão sendo colocadas no calendário o tempo todo. Não espero chegar um dia certo para inseri-las. Se hoje eu receber a informação que, no dia 24 de novembro, vence um prazo, esse prazo estará no meu calendário. Veja como na organização não tem milagre – é uma construção diária.

Depois de trabalhar nos prazos do meu dia, vou cumprindo os compromissos. A agenda funciona como um verdadeiro guia.

Uma coisa que você pode fazer, nesse planejamento diário, é criar blocos de trabalho no início do expediente. Por exemplo: você acessa a sua agenda e vê que tem prazos importantes e tarefas que talvez levem certo tempo. Você pode bloquear um período na agenda para essas atividades.

Então, no exemplo anterior, eu poderia fazer assim:

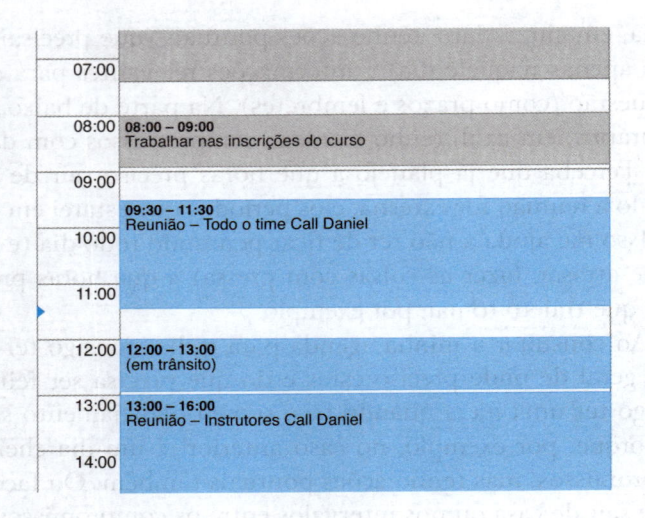

Perceba que criei um bloco para trabalhar nas inscrições do curso – porque uma série de prazos e ações pontuais que tenho para esse dia são relacionados, então posso juntar e fazer tudo. E, analisando o meu dia, vi que a melhor opção seria fazer antes da reunião que terei (que será virtual).

Outra coisa que você também pode fazer é estabelecer metas para o dia. Confesso que não faço sempre – apenas quando estou precisando de uma motivação extra. A ideia é analisar o dia como um todo e pensar: "O que eu gostaria de ter feito até chegar ao final do dia de hoje? Quais são as três coisas que, se eu fizer, terei ganhado o dia?".

E é isso. Em questão de minutos, você consegue planejar o dia e ter uma visão de como ele será, com tranquilidade. Aí, basta executar.

Nos capítulos seguintes, veremos uma série de tutoriais, orientações e dicas para que você complemente os planejamentos vistos neste capítulo. A ideia é que você retorne a este capítulo posteriormente, para uma releitura, pois os conceitos já lhe serão mais familiares.

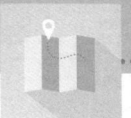

Capítulo 2

Foco

Para começar, o que estamos fazendo aqui?

Ter um propósito, a resposta ao "grande porquê" nos ajuda a tomar decisões e direcionar nossas escolhas. Quando não temos isso, nós nos perdemos.

Pode parecer muita pressão quando se fala em propósito de vida, então tentarei outra abordagem.

Minha concepção de propósito está em acreditar que ele está presente em tudo na vida. Não apenas um grande propósito para cada um de nós, mas o prazer de encontrar propósito nas pequenas coisas.

Por exemplo, se preciso dar um telefonema, qual é o propósito daquilo? É claro que não penso sobre isso para cada tarefa do meu dia a dia, mas por que não, afinal? A pressa, é evidente. Porque precisamos fazer as coisas com rapidez.

E fazer as coisas com rapidez faz com que a gente perca aquele momento, um pouco que seja. A gente foge da mente plena – que, aliás, é uma consequência da reflexão sobre o propósito.

Falando sobre propósito de vida, então, o que aprendi é que a gente não força muito isso. Existem exercícios de desenho de missão pessoal (que são ótimos, e até faremos um daqui a pouco), mas diferentes percepções entram no que é propósito.

Por exemplo, quando cursei minha formação em coaching, fiz o exercício da missão pessoal e nesse exercício consegui desenhá-la muito bem. Para minha surpresa, ela era um pouco diferente da missão do Vida Organizada, que eu havia desenhado alguns anos antes. Não falava apenas em organização e qualidade de vida, mas ia além – falava sobre meu bom humor, sobre criatividade, sobre ajudar as pessoas a encontrarem seus dons. Essa missão, apesar de ter sido escrita pouco mais de dois anos atrás, mantém se mais ou menos inalterada; mas é claro que sofrerá ajustes com o tempo, apesar de eu acreditar que a essência se manterá.

Tenho outros propósitos bem claros na vida.

O primeiro deles foi quando desenhei a missão do Vida Organizada. Por que o blog – e o meu trabalho, como um todo – existe, afinal? E a resposta foi: para inspirar as pessoas a se organizarem e a terem mais qualidade de vida. Isso foi importante – fala sobre inspiração (então você traz de fora para vir de dentro, ninguém pode fazer por você), fala sobre organização como um meio (e não "ser organizado só para ser organizado") e fala sobre qualidade de vida (realização, transformação, vida como um todo e não só a casa ou o trabalho). É uma boa missão e expressa bem o que é o Vida Organizada até hoje (fiz em 2012).

O segundo deles foi quando descobri que eu era uma das pessoas responsáveis pelo legado do David Allen com o método GTD. Como eu descobri isso? Essa foi mais informal. Trabalhando com o GTD, desde 2014, diversos fatores no cotidiano geraram em mim essa percepção. Um dia, em um jantar em Amsterdam, o David falou assim: "Como a gente poderia não fazer isso, se isso é quem a gente é?". Fiquei tão emocionada na ocasião! E ele já havia comentado antes que, por não ter filhos, ele via os Master Trainers ao redor do mundo como se fossem seus filhos, pois somos nós (hoje somos treze, se não me engano) e os instrutores que levaremos a metodologia adiante depois que ele morrer. Tudo isso me deixou muito claro que um dos meus propósitos é cuidar do seu legado. Acredito na metodologia, faz parte de quem sou, e é isso. Simples assim.

O terceiro deles é mais recente. Descobri que tudo o que faço, desde sempre, é buscar soluções para o estresse. Quando eu tinha 23 anos, fiquei um mês de cama em casa por causa de uma labirintite severa, desencadeada por estresse. Desde que voltei da licença médica, eu me senti disposta a descobrir maneiras de não ficar doente em decorrência do trabalho de novo. Com 25 anos, descobri o GTD. De lá para cá, muita coisa aconteceu. Comecei a meditar em 2008, fiz cursos e até dei aula de meditação. Sempre me interessei por temas relacionados ao trabalho como um todo. Descobri, por fim, que ajudar as pessoas a serem menos estressadas (assim como me ajudei, descobrindo diversas maneiras de fazer isso!) era um propósito muito importante e que delineava um montão de coisas que eu já escolhera fazer na vida uma vez ou outra. Essa percepção foi importante, porque me ajudou a me entender. Por que me interesso por produtividade? Por que me afeiçoei tanto a um método que preza ter a mente como água? Por que aprendi a meditar?

Existem outros tipos de propósito que são igualmente importantes. Quando penso no meu filho, por exemplo: qual meu propósito como mãe? Que legado quero deixar na vida dele? Como quero que ele me veja? Que tipo de educação quero proporcionar a ele? Que valores quero lhe passar? Envolve muita coisa.

Posso aplicar esse raciocínio a qualquer área da minha vida. E, quando reflito sobre o propósito das coisas, maiores e menores, isso me faz ter uma consciência melhor do que estou fazendo aqui, no mundo. Mesmo que nunca tivesse desenhado qualquer missão pessoal, perguntar "por que estou fazendo isso?" para todas as coisas da minha vida me ajuda a ver o propósito delas. Então se você se pergunta como descobrir seu propósito, recomendo que exercite encontrando o propósito das pequenas coisas. Porque o das grandes, na verdade, vem dessas.

Como encontrar sua missão pessoal

Então vamos falar sobre esse papo de encontrar a missão pessoal.

A primeira coisa a dizer é que não é um processo rápido, mas também não precisa demorar tanto. Depende muito de cada um.

Tem gente que com 8 anos já sabe que quer ser médica quando crescer, ou cantora, ou professora. Sempre tive muitos interesses na vida, então talvez, por causa disso, eu tenha ficado um pouco perdida no mar de possibilidades. A questão de gostar de ajudar os outros veio com o tempo, porque não era algo que eu tinha como foco quando era mais nova. Lá no fundo, eu já tinha os meus valores, mas não havia aprendido a externar isso de modo que esses valores norteassem quem eu queria ser e o que eu queria fazer. Fica aqui então a primeira dica, que é conhecer os seus valores. O que é importante para você? O que faz parte do seu caráter? O que você jamais aceitaria fazer?

Às vezes pode ser mais fácil a gente saber o que nunca faria do que o que a gente gostaria de fazer.

Fui descobrir isso aos poucos, talvez quando comecei a me envolver mais com a minha religião (Budismo), mas também veio do interesse que eu sempre tive por dar aulas (eu era aquela criança que adorava brincar de escolinha – sendo a professora e passando lição!). Fica a segunda dica, que é olhar para trás e analisar o que você sempre gostou de fazer, desde a infância. Aqui, porém, é um pouco mais complicado, porque não é pelo fato de você tocar piano aos 12 anos que vai ser pianista, por exemplo. No entanto, isso pode querer dizer que você gosta de metodologias, disciplina, esforço e exercer a criatividade.

Para ir além, você deve se perguntar: qual é a razão da minha existência? Por que estou aqui no planeta Terra, nesta vida? O que eu nasci para fazer? Se a resposta vier de bate-pronto (muitas vezes vem!), você muito provavelmente já terá a sua missão pessoal. Se você não souber, vale a pena pensar sobre o assunto e ir observando o que você tem de valores e o que gosta de fazer. Isso pode lhe dar pistas.

A ideia da missão é tê-la sempre com você e a reler para se inspirar e tomar decisões no dia a dia. Você verá como se tornará mais fácil decidir o que vai ou não fazer. Se não estiver de acordo com a sua missão pessoal, você terá respaldo para dizer "não", e não ficará com a consciência pesada por isso.

É importante saber que missão não é a mesma coisa que objetivo. Missão é seu testamento pessoal, o seu motivo de viver, o que faz você se levantar todos os dias de manhã e fazer o que você faz – ou correr atrás dos seus sonhos, estes sim são seus objetivos. Sua missão deve ser inspiradora, motivadora, além de abranger todas as áreas da sua vida, e não somente a profissional ou a pessoal, por exemplo. Você deve conseguir aplicar sua missão a absolutamente tudo o que você faz na sua vida. Ela deve guiar os seus passos. Por isso, ela também deve ser atemporal – ou seja, não deve ser aplicada a algo que, depois, não fará mais sentido. Exemplo: "ser um bom estudante na faculdade". Você vai acabar a faculdade um dia.

Mais uma vez, quero dizer que não é fácil encontrar sua missão pessoal, apesar de algumas pessoas já a terem em vista. Vale a pena tirar um tempinho e refletir um pouco sobre quem você é, quais são seus valores, quais são suas principais qualidades e seus dons. Também é necessário entender o que é importante na sua vida – ter uma família, ter estabilidade financeira, ser independente? Todas essas escolhas podem pautar a sua missão. Pense no que você mais admira em determinadas pessoas – são qualidades a serem exploradas na sua missão pessoal. Você também pode pensar o seguinte: se pudesse ser um super-herói para o planeta, qual seria a sua "supermissão"? Para que você trabalharia todos os dias, incansavelmente? E, por fim, minha preferida: se morresse hoje, qual seria seu legado para o mundo? O que você gostaria de deixar de herança por tudo o que você fez? O que faria diferença?

As perguntas anteriores podem ajudar você a ter um norte e encontrar sua missão pessoal. E, uma vez encontrada, você passará a ver como muitas coisas farão mais sentido (outras, menos) e as decisões ficarão mais fáceis na sua vida. Sabe aquela sensação de dúvida, de não saber por qual caminho seguir? Ter uma missão pessoal é a garantia de que você não passará mais por isso, porque ela será sua base para a resposta. No fim das contas, nem toda pessoa é pianista, mas todas são artistas. Viver é uma arte que está em eterna construção. Tente preencher o exercício a seguir:

Realmente acredito que eu esteja aqui neste planeta para (cite o que você faz bem)_____ por meio de (cite habilidades) _____, _____ e _____ sendo uma pessoa (cite qualidades) _____ e _____.

Não é que exista uma fórmula pronta, mas esse exercício pode ajudá-lo(a) esboçar essa missão. Você pode revisitá-lo algumas vezes ao longo da vida.

O poder de buscar as decisões dentro de você

David Allen, criador do método GTD, recomenda que revisemos nosso propósito e nossos princípios toda vez que tivermos de tomar decisões importantes. Isso vale não só para seu propósito pessoal, mas também para o propósito de um projeto, de uma ação e de qualquer outra atividade. Acerca desse tema, gostaria de falar um pouquinho sobre esses valores internos. A gente não define valores – a gente os tem. E aí a gente vai descobrindo ao longo de uma vida inteira aquilo que a gente verdadeiramente é – e isso é um processo íntimo, porque muitas vezes temos "defeitos" (ou "pontos de melhoria", o eufemismo da vez) os quais são tão intrínsecos que dão até um pouco de vergonha de compartilhar com quem quer que seja. Como Clarice Lispector disse, é complicado cortar defeitos porque a gente não sabe qual é a característica que sustenta o nosso edifício inteiro.

Toda vez que passamos por períodos difíceis ou precisamos tomar decisões complicadas, é como se recebêssemos uma insígnia. "Passei por isso!". Contudo, o que precisamos identificar é o aprendizado que tiramos disso. Quando você toma uma decisão difícil, com certeza ela foi pautada em princípios que, talvez, até então estivessem ocultos para você. Ou você simplesmente não tivesse percebido que eles estavam aí dentro. Você precisou passar pela tal situação, pela dificuldade, para identificá-los. E identificar esses princípios, esses valores, é muito importante porque, uma vez que você os tenha identificado, pode usá-los como critério para decisões futuras.

O que isso tem a ver com organização? Tudo! Porque você não perderá tempo se "martirizando" pensando no que deve fazer ou não.

Tem outro aspecto importante também, que é o nosso amadurecimento e a nossa mudança ao longo dos anos. Princípios e valores dificilmente mudam; mas algumas coisas mudam e, talvez, você estivesse chamando de valor algo que era apenas temporário. Um exemplo bem prático: você descobriu que ama viajar. Acha que viajar é um princípio importante para você, mas aí nascem seus três filhos, e você percebe que gosta mais de ficar em casa curtindo a vida com eles pelo bairro que ir viajar. Deixou de ser prioridade. Se viajar fosse tão importante, você levaria seus filhos com você. Se você não vai viajar porque prefere fazer outra coisa, talvez seu valor esteja mais intricado na questão da família, da base, da segurança. Entretanto, há famílias que vivem viajando com os filhos, porque seus valores estão em viajar, descobrir novas culturas, ensinar isso aos filhos. São apenas valores diferentes. A vida é mesmo um eterno aprendizado.

Em termos práticos, como você pode fazer bom uso de seus valores, princípios e propósito? Em primeiro lugar, buscando propósito nas coisas que você faz. Por que precisa dar esse telefonema? Por que precisa preparar a refeição hoje em casa? Isso pode ajudar a ver até as coisas mundanas a partir de outra perspectiva. Em segundo lugar, toda vez que se deparar com um problema, por mais cabeludo que seja, veja-o como uma oportunidade de aprender a como "mudar de fase" no "jogo da vida". Para ir para a fase seguinte, você precisa passar pelo chefão. Isso acontece em quase qualquer jogo de video-game. Na vida também. No entanto, quando a gente enfrenta o chefão, pode sair machucado (e geralmente sai), mas algo nós aprendemos. Esse "algo" pode ser um princípio importante para você. É como se fosse um diamante lapidado. Anote isso em algum lugar e revisite de vez em quando para validar outras decisões – tanto do dia a dia quanto mais importantes.

Frequentemente passamos por situações que, uma vez superadas, dizemos coisas como "depois que me tornei mãe, percebi que…" ou "depois que fui demitido, aprendi que não adianta…". Todas essas lições mostram princípios que são parte de você. E, uma vez identificados, eles o ajudarão a tomar decisões futuras difíceis sem pensar muito. E é o tipo de coisa que só quando passamos por elas conseguimos ver o valor. Até lá, você pode apenas confiar em mim.

Tem a ver com organização porque construir uma vida organizada é basicamente levar uma vida coerente com quem somos. É não perder tempo com atividades que nos agridam emocionalmente. Quanto mais você prestar atenção em você mesmo(a), mais critérios puros e certeiros terá para decidir como investir seu tempo na vida.

O que é essencial para você hoje?

Ao digitar na busca do Google a palavra "essencial", obtemos o seguinte resultado:

essencial[1]

adjetivo de dois gêneros

1. que é inerente a algo ou alguém,
   "a magnanimidade é sua qualidade e."
2. que constitui o mais básico ou o mais importante em algo fundamental.
   "as questões e. de uma situação"

- Quais são os relacionamentos essenciais na sua vida?
- Quais são os projetos pessoais essenciais na sua vida hoje?

- Quais são os projetos profissionais essenciais na sua vida hoje?
- Quais são as atividades da sua rotina extremamente essenciais no momento?
- Quais são os hobbies essenciais para você e aos quais talvez você não esteja dando atenção?
- Quais são as decisões e as atividades relacionadas à sua saúde essenciais neste momento?
- Quais são os problemas que você de fato precisa resolver atualmente?
- Quais são os processos do seu dia a dia que precisam ser melhorados para tudo em volta melhorar?
- Quais são as habilidades profissionais essenciais que você precisa dominar no momento?
- Quais são as contas essenciais que você precisa manter neste momento?
- Quais são as oportunidades essenciais que você precisa aproveitar?
- Quais são os prazos essenciais que você precisa cumprir nesta semana e hoje?
- Quais são os objetos essenciais que precisam estar na sua mesa de trabalho no momento?
- Quais são os objetos essenciais que você precisa ter em casa atualmente para a vida que você leva?
- Quais são os sentimentos e as certezas essenciais que você precisa ter por si mesmo(a) neste momento?

Pode ser desnecessário dizer, mas, para tudo o que não for essencial, talvez seja a hora de dizer adeus. Busque a sua essência e encontre tempo.

Nunca se falou tanto sobre minimalismo como atualmente. Existem tendências, no entanto, que são benéficas, e sinceramente acredito que o minimalismo seja uma delas. O minimalismo em que acredito tem a ver com encontrar o que for essencial – não só em termos de objetos, mas relacionado a valores, princípios, atividades, projetos, objetivos. Se todos nós conseguíssemos nos ater a esse essencial personalizado, poderíamos perder menos tempo com aquilo que não importa.

A grande questão é: como descobrir o que é realmente essencial? Muitas vezes, o caminho inverso funciona como filtro mais fácil. Ou seja, refletir sobre o que não queremos e sobre o que não tem a ver conosco pode nos ajudar a entender quem somos de verdade e o que desejamos abrigar na nossa vida.

Muitas pessoas reclamam do seu dia a dia, do seu trabalho, do seu relacionamento, das suas finanças e de tantos outros assuntos relacionados. Proponho é que, em vez de (ou além de) reclamar, você use essa reclamação para entender o que é tão insuportável para você. Porque, nessa reflexão, você pode ver as coisas sob outra perspectiva. O seu chefe é chato, mas você gosta do que faz no trabalho. Logo, como atacar o problema em si, que é suportar o relacionamento com o seu chefe e até melhorá-lo? O foco muda. E as coisas boas (como o que você faz no dia a dia) acabam tendo mais significado.

Sobre a nossa casa. Muitas pessoas pensam que ser minimalista significa ter poucas coisas. De fato, é natural diminuirmos a quantidade de pertences. No entanto, a ideia é que tenhamos conosco apenas aquilo que realmente seja essencial – e isso inclui parâmetros individuais. Não tem a ver com ter ou não um carro, ou ter ou não um iPhone. Tem a ver com você analisar com calma, diariamente, durante anos, o seu estilo de vida, e entender o que é essencial para você. Essencial pode ser tomar um banho quente e gostoso com um chuveiro maravilhoso, mas você gasta tanto dinheiro com balada e roupas que acaba nunca conseguindo comprar um chuveiro legal, mesmo que mais caro. Entende aonde quero chegar? Trata-se de análise pessoal e personalizada, que só você pode fazer e então aplicar isso às escolhas que você faz na sua vida.

Por que perdemos tempo com pessoas, atividades, processos, problemas, objetos que não nos interessam? A vida é uma eterna construção de estilo individual, e esse estilo se apresenta em tudo o que fazemos e expomos ao mundo. O minimalismo é tão diferente quanto as pessoas são diferentes. O meu minimalismo será diferente do minimalismo de qualquer outra pessoa, porque o que é essencial para mim pode não ser para ela.

Outro dia participei de uma discussão em um grupo virtual sobre minimalismo na qual a pessoa perguntou: "qual o celular mais minimalista que existe?". E choveram respostas como: "aquele novo modelo da Nokia que só faz ligações". No entanto, essas respostas já pressupõem que o essencial em um celular seja apenas fazer ligações. Eu, por exemplo, quase não uso meu celular para fazer ligações. Ele é uma ferramenta de trabalho que uso para gravar vídeos e gerenciar minhas redes sociais, além de me comunicar de maneira ágil com pessoas da família e do trabalho por meio do WhatsApp. Se eu tivesse um celular como o citado, ele seria inútil para mim – e isso iria contra o que considero essencial.

O mesmo vale para qualquer outra coisa: você pode achar que calça jeans é uma peça básica, porém ela não entra no guarda-roupa de outra pessoa, que prefere usar calças de alfaiataria. Por isso, a recomendação é: menos julgamento, mais análise de si mesmo.

O minimalismo como estilo de vida é excelente porque nos motiva a editar o tempo todo. Será que preciso disso em casa? Será que preciso tocar esse projeto no momento? Será que preciso fazer esse curso? E, com isso, libero espaço na minha vida para o que realmente importa – que, com certeza, já será bastante coisa também, mas serão todas coisas maravilhosas e que me motivam, ou que pelo menos me dão perspectiva de escalada para outro ponto aonde quero chegar. Já pensou uma vida inteira apenas com o que for de fato importante?

Fazendo uma revisão da sua carreira

É bastante oportuno fazer uma revisão da sua carreira como um todo. A ideia é analisar o que você já fez, aonde quer chegar e o que pode fazer nos próximos doze meses para chegar lá.

É claro que este texto terá uma abordagem variada de acordo com o estágio de vida em que você se encontre. Se você nunca trabalhou e ainda não entrou na faculdade, este é o momento de pensar qual será seu primeiro passo em direção ao futuro. Você tem duas opções:

1 Procurar aprender habilidades e até um estágio na área em que resolveu estudar.

2 Se não sabe o que fazer na faculdade, busque conhecer pessoas e fazer essa pesquisa ao longo do seu ano corrente. O que pode ajudar nessa busca? Só você pode definir.

Caso já tenha tido pelo menos um trabalho anterior, você pode querer seguir estas sugestões:

1 Liste em uma folha de papel todos os seus empregos e trabalhos, o cargo e quanto tempo ficou no mesmo cargo.

2 Depois, escreva o que mais gostava e o que menos gostava em cada um desses trabalhos.

3 Escreva por que saiu de cada um deles.

4 Escreva o que aprendeu em cada um.

5 Analise o seu emprego hoje (ou o último, se estiver desempregado), e pergunte-se do que menos gosta(va) e do que mais gosta(va) nele.

6 Existe alguma habilidade que você vê como importante aprender neste momento e ainda não começou a desenvolvê-la? (Exemplo: inglês, Excel avançado, liderança).

7 Os seus empregos desenvolvem uma trajetória natural? Por exemplo: como foi a evolução dos cargos? O que há de comum entre todos eles?

8 Qual você acha que seria a sequência natural depois do seu último cargo ou do seu cargo atual?

9 Que habilidades você precisa ter para chegar lá?

10 Levando em consideração as habilidades, quanto tempo você acha que levaria para consegui-las?

11 O que você pode fazer ainda nos próximos doze meses para ir em direção a esse caminho natural?

12 Como você vê a evolução dessa conquista daqui a cinco anos? E dez anos? Aonde você quer chegar?

Com esse exercício, você conseguirá definir habilidades, cursos para fazer, livros que poderá ler, pessoas com quem pode conversar, entre outras ideias para pôr sua carreira em análise e ver não apenas como melhorá-la hoje, mas como chegar aonde você quer.

PONTOS FORTES

Quis inserir este trecho no livro porque, trabalhando com coaching, percebi que muitas pessoas se preocupam bastante com os pontos fracos que precisam ser corrigidos, em vez de fortalecer aquilo que elas têm de melhor.

Veja, não quero dizer que você não deva reconhecer as suas "falhas" e corrigi-las sempre que possível. No entanto, não é saudável você focar apenas seus erros e deixar de lado seus acertos, que poderiam ser potencializados.

É muito importante que você identifique seus pontos fortes, aquilo que você faz de melhor, para entender qual deve ser o seu foco ao planejar sua carreira, seu trabalho e como melhorar a cada dia.

Meus pontos fortes (aquilo em que sou realmente bom)	Meus pontos fracos (aqueles pontos a melhorar)

Uma vez que você identifique esses pontos acima, pergunte-se:

- Como posso usar mais meus pontos fortes no dia a dia para me diferenciar no trabalho?
- Como esses pontos fortes podem fazer mais parte da minha rotina? Será que eu conseguiria descobrir um modelo de trabalho que atue em cima deles?
- Quais são os pontos fracos que realmente me atrapalham? Será que eu poderia escolher um para focar neste ano e buscar uma solução?
- Será que posso simplesmente aceitar alguns (ou todos) os meus pontos fracos e entender que eles fazem parte da minha personalidade, caso não me prejudiquem de nenhuma maneira ou sequer se comparem aos meus pontos fortes?

São reflexões que valem a pena serem feitas antes de focar em algo que talvez não acrescente muito à sua vida. Afinal de contas, foco é fazer a coisa certa.

Capítulo 3

Criação

O poder de criação no nosso dia a dia

Há alguns anos, descobri que "criatividade" era um valor muito forte e importante para mim. Para tudo, na minha vida, se eu pudesse aproveitar o meu poder de criação para construir, personalizar ou mesmo acrescentar elementos, qualquer coisa ganhava novos ares e me dava motivação para fazer. Foi quando percebi que deveria buscar isso nas coisas que eu estava fazendo, de uma maneira ou de outra. Quando eu não podia criar, sentia meu nível de satisfação e motivação ir lá para baixo.

Aos poucos, comecei a desenhar um estilo de vida que me permitisse viver dessa criação. Que eu gostaria de poder aplicar ao meu trabalho. À minha casa. À minha família. A mim mesma. Afinal, mesmo quando vou preparar uma refeição para a minha família, o que estou fazendo é criar. Aprender isso foi um dos grandes momentos "a-ha" da minha existência.

Mais do que conceber a criação como um evento, foi fundamental trazê-la para o dia a dia, como princípio – para tudo o que eu for fazer, quero aplicar meu poder de criação. É possível? Foi o que passei a buscar.

Há diversas maneiras de criarmos diariamente. Seja com um relatório que preciso escrever para o trabalho, a roupa que vou vestir amanhã ou até a maneira de escovar os dentes. Alguns chamariam isso de "hackear a si mesmo". Eu não acho que precisamos de termos *hipsters* ou modernos para isso. Até a Bíblia fala sobre o poder de criação. É algo intrínseco à humanidade.

Gostaria de fazer um convite para que você pensasse melhor no seu dia de hoje ou na sua rotina atual. A que horas você gostaria de acordar? Como gostaria ou poderia criar isso para você mesmo(a)? E seu café da manhã? Como poderia criar a manhã de maneira que lhe agrade? Como poderia ser o seu trabalho? E as roupas que você veste – seu estilo pessoal? Suas amizades? Seu relacionamento amoroso? As coisas que fazem você dar risada? Sua casa?

A vida, por si só, nasceu de um ato de criação. Não deixemos que a beleza desse ato se perca em e-mails e outras pequenezas do nosso dia a dia. Cutuque a si mesmo(a) quando se olhar no espelho. Abrace a vida, dia a dia.

Sonho organizado vira objetivo

Objetivos são cenários diferentes de vida que queremos alcançar. Podemos ter objetivos para cada uma das áreas da nossa vida. Finanças, relacionamentos, casa, carreira, espiritualidade.

Uma forma intuitiva de trabalhar com objetivos é desenhá-los em termos de curto, médio e longo prazos. O que define curto, médio ou longo prazo é muito pessoal e pode depender essencialmente do momento de vida em que você se encontra. Particularmente, gosto de trabalhar com as seguintes definições, que podem ser um ponto de partida para você:

- Curto prazo: até dois anos
- Médio prazo: acima de três anos, até uns dez anos
- Longo prazo: objetivos de vida como um todo

COMO TRAZER OS SEUS OBJETIVOS PARA O DIA A DIA

Acredito que conseguimos trabalhar mais intensamente os objetivos de curto prazo, pois eles podem fazer com que trabalhemos em projetos e tarefas no dia a dia, o que efetivamente faz com que os alcancemos.

Isso não quer dizer que eu não tenha uma perspectiva mais ampla. É evidente que sim, mas os objetivos de curto prazo, de hoje a dois anos, estão mais presentes, mais palpáveis. E eles também ajudam na construção dos objetivos de médio e longo prazos que quero alcançar.

Um modo de descobrir seus objetivos de curto prazo é pensar: o que eu gostaria que fosse verdade até o final do ano que vem?

Com base nessa resposta (e você pode ter várias), você pode explorar:

- Qual é o propósito desse objetivo? Por que quero alcançá-lo? Isso traz foco.
- Como esse objetivo pode contribuir para a pessoa que quero ser daqui a alguns anos? Ou seja, como ele conversa com os meus objetivos de médio e longo prazos?
- Que área da minha vida será impactada pelo alcance desse objetivo? Pode ser mais de uma. Dica: quanto mais áreas impactar, mais importante ele é.
- Que projetos tenho hoje sendo desenvolvidos para alcançar esse objetivo? Esses projetos têm ações claras definidas? Consigo acessá-las no meu dia a dia, de modo que eu possa trabalhar nesses projetos sem nem perceber, de tão fáceis que são? Consigo observar na minha agenda algo que me conduza em direção à realização desses projetos ou ao alcance desses objetivos?
- Se não tenho um projeto, tarefa ou compromisso relacionado, o que posso fazer para que eles existam?

Todas essas perguntas me ajudam a montar um plano para cada objetivo e garantem que ele faça parte da minha realidade, em vez de ser algo distante que eu olho de vez em quando e sobre o qual dificilmente faço algo a respeito.

Exemplo de desenho de objeto de longo prazo até a tarefa que posso executar hoje:

Objetivo de longo prazo	Trazer estabilidade financeira para a minha família
Objetivo de médio prazo	Adquirir um imóvel nessas condições (bairro, preço, área)
Objetivo de curto prazo	Juntar dinheiro suficiente para dar uma boa entrada no valor do imóvel que quero adquirir
Projeto	Iniciar plano de investimentos de médio prazo
Tarefa	Pesquisar na internet modelos de investimentos e rentabilidade

Talvez você queira tentar fazer esse exercício com algum objetivo que você tenha. Ele pode ser de curto, médio ou longo prazo. Você pode até começar esse exercício por meio do projeto ou da tarefa, se quiser encontrar o propósito de estar trabalhando em algo. Tente!

Objetivo de longo prazo	
Objetivo de médio prazo	
Objetivo de curto prazo	
Projeto	
Tarefa	

Esse exercício pode ser feito sempre que você sentir necessidade de encontrar coerência nas diversas áreas da sua vida, tanto pessoal quanto profissional.

Coerência no estilo de vida que você está construindo

Na transição de um ano para o outro, é comum pensarmos mais nos nossos objetivos. O que é natural, mas será que eles estão coerentes entre si? Ou seja, o que você quer em curto prazo tem a ver com o que você quer em longo prazo? Seus projetos atuais refletem esses objetivos? A ideia aqui é aprender a identificar e refletir sobre o que quer alcançar em curto, médio e longo prazos na sua vida, sem pressão. Entender se o seu tempo está sendo aproveitado de maneira que deixa você feliz.

A vida é uma aventura. Definir objetivos significa ter um mapa em mãos quando se coloca o pé na estrada. Você pode até mudar um pouco um percurso, mas, caso se perca, você sabe que o seu mapa está ali para ajudar. A ideia de ter objetivos listados é a mesma. Eles não são engessados, cravados em pedra. Você pode mudá-los, se sua vida caminhar para isso. No entanto, uma vez que você os tenha definido, isso vai ajudá-lo a não se apegar às coisas que não tenham a ver com você e com a vida que você quer viver.

Às vezes é mais fácil pensar em objetivos de longo prazo, pois eles revelam valores importantes. Por isso, podem ser um ponto de partida. No entanto, não existe jeito certo de definir objetivos. Você pode simplesmente identificá-los.

Vamos às definições:

- Um objetivo de curto prazo é aquele que você pode querer alcançar em até dois anos. Essa definição tem muito a ver com o GTD (método de produtividade). O que você quer que seja verdade até o fim do ano que vem? Essa abordagem é interessante porque permite que reflitamos sobre estados que não temos hoje em nossa vida. Analisando todas as áreas da minha vida, o que eu quero que seja verdade em cada uma delas? Em Finanças, por exemplo, pode ser algo como "Guardar X reais para dar entrada em um apartamento". Em Saúde, pode ser

"Emagrecer 10 quilos". Em Carreira, pode ser "Mudar de emprego". Perceba que todos esses objetivos podem levar menos tempo que até dois anos, por isso falamos em "até", e não "em". Os objetivos de curto prazo expressam vontades.

- Um objetivo de longo prazo é aquele objetivo de vida, que você vê lá na frente, como algo que quer conquistar na sua vida. Pode ser "Comprar um apartamento no bairro desejado" ou "Ter uma família grande e unida". Os objetivos de longo prazo expressam valores.

- Já o objetivo de médio prazo é aquele no meio-termo, que engloba a maior parte da sua vida. De três a cinco, dez, vinte anos adiante (depende da sua idade!), você pode ter objetivos de médio prazo. Os objetivos de médio prazo expressam seu estilo de vida. Como quero estar vivendo daqui a dez, quinze anos? Como quero que seja o meu trabalho daqui a vinte anos? E, uma vez identificados, você consegue trazer metas intermediárias para mais perto, que talvez venham a gerar projetos.

A ideia é você exercitar esse raciocínio em cada uma dessas esferas e aí comparar um com o outro. Por exemplo: se quero ter uma família grande e unida, o que precisa acontecer antes? Casar, ter um, dois filhos, ou adotar. E para isso acontecer, o que tenho de fazer? Como isso impacta o meu hoje? Exemplo prático:

- Objetivo de longo prazo: Comprar um apartamento no bairro desejado
- Objetivo de médio prazo: Comprar um apartamento
- Objetivo de curto prazo: Guardar X reais para dar entrada em um apartamento

Projetos que podem ter a ver: buscar investimentos com lucratividade X por mês, buscar uma segunda atividade remunerada, definir o tipo de apartamento que consigo comprar, e por aí vai.

Exercício para mapear seus objetivos

Sonhos, na verdade, são o estilo de vida que você gostaria de construir para si mesmo(a). O que a organização nos ensina é tirar esses sonhos do papel e fazer com que eles se tornem realidade.

Trata-se de um exercício bastante simples, mas que ajuda a pensarmos um pouquinho mais adiante em nossa vida. A ideia não é encontrar um cenário e engessar nossas escolhas, mas deixar a mente livre para imaginar o que se quer e ver como isso pode impactar a vida presente.

Pegue uma folha de papel e uma caneta. Reserve um tempo concentrado, de cinco a dez minutos, para fazer este exercício.

Pense em sua vida daqui a dez ou quinze anos. Imagine-se acordando nesse dia.

Imagine que a situação ideal em sua vida existe.

Como seria um dia a dia tranquilo para você?

Você está chegando ao trabalho. O que acontece? Imagine cada detalhe, até a hora de ir embora.

Quando você vai embora, o que você faz? O que você vê? Quem você encontra? Que sensações você tem?

Como são os seus fins de semana? Como você se sente?

Escreva. Imagine e escreva.

Fazer esse simples exercício de visão transforma completamente a relação que você tem com seu momento presente. Ajuda a ter perspectiva e foco no lugar aonde você quer chegar.

Na prática, significa não perder tempo ou se preocupar com "microproblemas" ou problemas temporários e focar sua atenção e seu esforço naquilo que realmente importa.

Pensar em como você vê a sua vida e o seu estilo de vida daqui a alguns anos não serve para engessar a vida e dizer que você "tem que" fazer aquilo exatamente. A vida muda. O valor desse exercício está justamente em mudar sua relação com o presente.

EXEMPLO: INDEPENDÊNCIA FINANCEIRA

Ter independência financeira significa conseguir acumular uma quantia suficiente para que suas escolhas profissionais não dependam das suas necessidades financeiras. É um privilégio, mas pode ser uma meta. Quanto mais segurança financeira você tiver, mais livre se sentirá para realizar determinadas escolhas.

Tente fazer o exercício com esse objetivo de longo prazo para ver que soluções você traz para a sua vida hoje.

Objetivo de longo prazo	Construir independência financeira
Objetivo de médio prazo	
Objetivo de curto prazo	
Projeto	
Tarefa	

Pode ser que você tenha outros objetivos de longo prazo em mente. Que tal tentar exercitar do mesmo modo?

Objetivo de longo prazo	
Objetivo de médio prazo	
Objetivo de curto prazo	
Projeto	
Tarefa	

Objetivo de longo prazo	
Objetivo de médio prazo	
Objetivo de curto prazo	
Projeto	
Tarefa	

Objetivo de longo prazo	
Objetivo de médio prazo	
Objetivo de curto prazo	
Projeto	
Tarefa	

O que são projetos

Chamo de projetos as entregas que tenho de (ou quero) concluir em até um ano, tanto na vida pessoal quanto na vida profissional (essa definição foi inspirada na definição para projetos do método GTD).

Posso ter desde projetos mais simples, como trocar de celular, até projetos mais complexos, como organizar um evento para mil pessoas no trabalho.

Já os objetivos são estados que quero alcançar, e que podem ser de curto (até dois anos), médio (entre três e cinco anos) e longo prazo (para a vida). Para garantir que os objetivos sejam alcançados, posso definir projetos.

Por exemplo, se eu tiver um objetivo de longo prazo que seja conquistar estabilidade financeira, posso ter objetivos intermediários que me ajudem a alcançá-lo, como adquirir um imóvel com determinadas condições (médio prazo) ou juntar uma quantia determinada para dar entrada nesse imóvel (curto prazo). Para conquistar esse objetivo de curto prazo, preciso definir o que consigo concluir com relação a ele neste ano, e então poderei encontrar projetos. Por exemplo: iniciar nova modalidade de investimentos ou mudar de emprego.

A orientação quanto aos projetos é que você possa tê-los listados em seu aplicativo gerenciador de tarefas e trabalhar neles diariamente. Uma vez por semana, vale a pena revisar um por um para garantir que eles tenham tarefas alocadas em cada um deles, pois, se um projeto não tiver esses passos destrinchados, ele não estará em andamento.

Da mesma maneira que você tem uma lista para gerenciar seus projetos, você pode querer ter outras listas semelhantes para armazenar projetos em espera, projetos para algum dia, projetos delegados e outros que atendam a necessidades específicas do seu trabalho.

Que projetos devo ter em andamento?

Gosto de pensar na minha lista de projetos em andamento como uma lista em que consigo verificar tudo aquilo que quero ou preciso concluir em até um ano, dentro de cada uma das diversas áreas da minha vida.

Você pode começar listando as principais áreas da sua vida, como:

- Saúde
- Família
- Relacionamentos
- Finanças
- Casa
- Estudos
- Carreira
- Espiritualidade
- Lazer
- Trabalho

E, para cada uma delas, perguntar o que você gostaria de concluir ou resolver em até um ano. Você pode identificar diversos projetos para uma mesma área que precisa mais da sua atenção, assim como pode ter áreas que estejam bem para você e não tenham projetos, necessariamente.

Além de ter uma lista de projetos em andamento, é importante que você tenha uma lista de projetos que não estejam em andamento. Podem ser ideias ou até aqueles que estejam em *stand-by* por algum motivo. À medida que você for concluindo seus projetos, poderá reavaliar essa lista para ver que novos projetos devem estar em andamento naquele momento.

A recomendação para acompanhamento dos projetos é de pelo menos uma vez por semana. Existirão projetos que você certamente precisará olhar mais de uma vez por semana, quando não diariamente, mas não serão todos.

Para garantir que seus projetos estejam em andamento, certifique-se de que todos aqueles em sua lista de projetos em andamento tenham pelo menos uma tarefa definida, atrelada a eles, que você possa executar na semana seguinte, se houver possibilidade.

Utilizo o método GTD para gerenciar os meus projetos e, de maneira geral, lido com eles assim:

- Garanto que eu tenha uma lista com todos os meus projetos em andamento.
- Reviso essa lista semanalmente para garantir que cada projeto tenha pelo menos uma próxima ação definida.
- Reviso a lista de projetos que não estão em andamento também uma vez por semana para reavaliar prioridades.
- Ao longo da semana, todos os dias, trabalho nas ações que estarão na minha agenda e na minha lista de tarefas.
- À medida que os projetos forem sendo concluídos, novos vão surgindo, e assim vai de maneira muito dinâmica, semana a semana.

COMO ORGANIZAR UMA PIPELINE DE PROJETOS PARA O ANO

Vou começar esclarecendo o uso do termo "pipeline": uso aqui no sentido de encadeamento, sequência, fluxo. "Pipe" é "tubo" em inglês, então pensem no encanamento da casa, em que um tubo é ligado a outro para chegar a algum lugar. A ideia de uma pipeline é ter uma linha, um encadeamento de coisas na sequência, uma coisa depois da outra; é um termo usado em negócios com essa finalidade também.

Pode ser que você gerencie diversas áreas de atuação em seu trabalho. Se for o caso, é provável que você tenha diversos projetos em andamento para cada uma delas.

Ao longo de um ano todo, você pode ter grandes entregas e pode sentir a necessidade de equacionar não apenas quando elas aconteceriam (seus prazos), mas o tempo dedicado a elas. Afinal, poderia acontecer de, em determinado mês, você se envolver em vários projetos grandes e ser convidado(a) a participar de eventos, viagens etc. É importante se programar para esses cenários.

A solução seria montar uma planilha simples listando os projetos mais robustos (aqueles que levarão meses) e os meses nas colunas. Então, pinte as colunas para cada projeto, de acordo com o mês em que começará a se dedicar a ele, quando terminaria e, os meses mais intensos, com uma cor mais forte.

Isso já ajuda a ver, de imediato, que alguns projetos poderiam ser remanejados, se houvesse a possibilidade. Você poderia colocar alguns um pouco mais para frente e se organizar melhor para que eles não ficassem tão estressantes na produção.

Na prática, funcionaria assim: organizar as entregas por trimestre. A ideia é conseguir organizar toda a vida para os três meses seguintes sem percalços: cursos, projetos, viagens, entregas, eventos.

Quando se inicia um trimestre, você já pode começar a planejar o próximo. Chega a ser divertido. Logo, o planejamento é feito trimestralmente – ou sazonalmente, a cada estação.

Uma vez por mês, veja essa planilha para ajustar o foco para o mês. A ideia é estabelecer metas.

Você pode fazer alguns ajustes em alguns projetos, esticando o prazo ou começando antes, por entender que precisaria de mais antecedência na produção. Também pode acrescentar projetos novos. Entretanto, montar essa pipeline é fundamental para distribuir os grandes projetos ao longo do ano, assim você garante que não sobrecarregará os seus meses.

Esse tipo de controle traz uma tranquilidade imensa a todos, mas principalmente para você, porque conseguirá gerenciar esses prazos.

ORGANIZAÇÃO DOS PROJETOS

Existem diversas maneiras de organizar projetos. Uma delas é organizá-los de acordo com a data de conclusão: esta semana, este mês, este trimestre etc. Então, isso pode ajudar você a priorizar as atividades relacionadas a esses projetos ao longo dos dias. Por exemplo, em uma segunda-feira, você pode verificar quais são os projetos que deverão ser concluídos na semana e já começar a trabalhar neles. Na terça-feira, pode trabalhar nos projetos que devem ser concluídos naquele mês. E por aí vai. Pode fazer o mesmo procedimento dos projetos da semana, trabalhando no planejamento, na organização do projeto, no esclarecimento das informações e nas tarefas já definidas.

Na quarta-feira, você pode trabalhar nos projetos que precisa concluir no mês seguinte.

Na quinta-feira, pode trabalhar nos projetos que precisa concluir em até seis meses.

Na sexta-feira, pode trabalhar nos projetos que precisa concluir entre seis e doze meses adiante.

Agora, é claro que isso não é uma ordem, mas uma orientação. Significa que você pode trabalhar primeiro nos projetos da semana, depois nos do mês etc., dentro da estrutura da sua semana de trabalho.

Isso pode fazer com que seus projetos caminhem muito bem. Para que você possa acessá-los, é importante tê-los organizados em seu aplicativo gerenciador de tarefas, de modo que saiba onde consultar para encontrar o que precisa fazer em cada um deles.

Obviamente, você não passará um dia inteiro trabalhando em seus projetos, porque existem outras atividades que você também precisará fazer (de compromissos a imprevistos). Contudo, ter essa orientação, como se os projetos fossem ciclos de trabalho, pode ajudar a ter mais clareza em suas prioridades e efetivamente trabalhar nelas diariamente.

Fazendo uma revisão no meio do ano

O mês de julho é uma época legal para revisar alguns pontos da vida para ver se as coisas estão caminhando da forma como você gostaria.

Quais são os benefícios de fazer um pequeno *pit-stop* em julho para revisar o andamento de tudo?

- Dar uma olhada em tudo o que já foi feito neste ano. Agradecer por isso. O dia a dia passa tão corrido às vezes que pode valer a pena parar, olhar para trás e curtir um pouco as conquistas.
- Avaliar se ainda quer todas as coisas que se propôs a alcançar em curto prazo (para este ano e o ano que vem), que estejam em andamento ou a caminho. Será que ainda fazem sentido? São metas que você ainda quer atingir? Veja, passamos por mudanças. Então é natural que alguns desejos mudem também e não queremos continuar buscando algo que não parece mais tão interessante como parecia antes.

• Analisar se, para tudo o que quer fazer, você está no caminho certo ou se precisa fazer ajustes. Todos os seus objetivos têm projetos em andamento? Como as coisas estão caminhando? Precisa agilizar ou ir mais depressa com alguns pontos?

Penso que os benefícios sejam grandes, então a revisão semestral é algo que vale a pena!

COMO FAZER, PASSO A PASSO

1 Reserve um período de tempo calmo, tranquilo e com a menor chance possível de interrupções para fazer a sua revisão semestral. Uma boa estimativa de tempo são duas horas.

2 Vale lembrar que não existe mágica no dia a dia. O que garante que os seus projetos estejam sempre muito bem encaminhados é fazer semanalmente uma revisão legal deles, com constância. Agindo assim, a revisão semestral será menos trabalhosa.

3 Para não se esquecer de fazer essa revisão semestral, coloque um lembrete na sua agenda para se lembrar dela anualmente. Costumo inserir um lembrete assim: "Revisão semestral" por volta de 10 de julho, com recorrência anual.

4 Tenha com você todo o material de que precisará, e isso significa basicamente acesso às suas ferramentas de organização: sua agenda, suas listas e o que mais considerar relevante.

5 Comece fazendo uma análise das suas áreas da vida e responsabilidades, perguntando-se honestamente como se sente com relação a cada uma delas. De modo geral, existem áreas que não nos chamam tanta atenção em determinado momento, enquanto existem algumas que realmente precisam de mais foco. Recomendo que você escolha apenas uma para se concentrar nos próximos meses – e se concentrar em uma área de foco significa basicamente buscar que ela esteja navegando em águas tranquilas. Como fazer isso? É você que vai responder! O que precisa acontecer nessa área para que ela esteja navegando em águas tranquilas? Provavelmente você identificará alguns projetos. Eles deverão entrar no seu radar. Simples assim.

6 Depois disso, revise seus objetivos de curto prazo – tudo o que você quer que seja verdade na sua vida até o fim do ano que vem ou no período de até dois anos. Esses objetivos ainda fazem sentido? Você ainda quer alcançá-los? Se sim, o que você tem feito hoje para chegar lá? Será que existem projetos que deveriam estar em andamento para que esses objetivos sejam alcançados mais rapidamente? Você pode olhar os objetivos de médio e longo prazos também, mas eles não são o foco desta revisão.

7 Já que estamos falando sobre projetos, como você vem trabalhando até agora, desde janeiro? O que você já concluiu neste ano? O que ainda está em andamento? O que pretende concluir neste mês? E neste trimestre? E até o final do ano? Que projetos têm a ver com seus objetivos e com sua área de foco que você quer dar mais atenção? Agradeça a oportunidade de estar vivo(a) e poder fazer acontecer!

8 Dê uma olhada no seu calendário para os próximos meses, de julho a dezembro. Que eventos você já tem programados? Viagens? Acontecimentos? Existe algo que você pode começar a planejar desde já para que não fique corrido lá na frente?

Muito bem. Essa é uma revisão que faço no meio do ano. Podem parecer passos simples, mas são fundamentais para me manter no caminho certo.

Aliás: revisar com regularidade tudo o que temos para fazer é um dos grandes segredos da produtividade, porque isso garante que nunca deixemos nada de lado, equilibremos as diversas áreas da nossa vida e identifiquemos as prioridades com mais destreza. Espero que esse modelo de revisão ajude você a fazer isso também. Ele conversa diretamente com o que aprendemos no capítulo sobre planejamentos.

PROJETOS RECORRENTES

Alguns exemplos de projetos recorrentes (que acontecem com frequência):

- Declaração do Imposto de Renda
- Comprar presentes de Natal
- Organizar viagem de férias
- Concluir check-up médico anual
- Organizar festa de aniversário

O primeiro passo é identificar projetos recorrentes que você já tenha em andamento, pois isso ajudará a entender melhor como fazer o planejamento. O planejamento de um projeto pode virar uma checklist do que deve ser feito quando esse projeto for realizado novamente no futuro.

A ideia é que, uma vez que você planeje um projeto, não precise fazer isso uma segunda vez. Você vai usar o mesmo planejamento e, assim, vai complementando o modelo.

Você pode então, dependendo das ferramentas que usa para se organizar, criar pastas para guardar esses planejamentos. Por exemplo, no Dropbox você pode ter uma pasta chamada "Templates para projetos recorrentes" ou, no Evernote, uma etiqueta que agrupe todos esses templates.

Basta copiar e colar a estrutura da nota em outra diferente, aproveitando o planejamento de um projeto anterior.

A ideia é que, a cada recorrência do projeto, você aperfeiçoe sua checklist, tornando-a cada vez mais útil para você.

A cereja no bolo vem agora: para se lembrar de ativar projetos recorrentes, você pode ter um lembrete na sua agenda que avise que está na hora de iniciar o planejamento de determinado projeto. Isso vale para projetos sazonais, como a declaração do Imposto de Renda, a volta às aulas ou o planejamento das férias de fim de ano.

Três pilares para o seu desenvolvimento humano

Percebi que existem três pilares fortes que nos ajudam no desenvolvimento como seres humanos. São eles:

1 Terapia. A terapia nos ajuda a entender o nosso passado.

2 Meditação. A meditação nos ajuda a aproveitar melhor o momento presente.

3 Coaching. O processo de coaching nos ajuda a desenhar melhor o futuro.

Você precisa de ajuda externa ou de profissionais que o(a) apoiem em cada um desses três pilares? Certamente não há por que não ter. Se tiver a possibilidade de contar com o apoio desses profissionais, isso só vai ajudar, mas eu não diria que é completamente necessário. Existem muitos livros que também podem ajudar, além das suas percepções pessoais.

Com a terapia, por exemplo, você pode descobrir por que faz as coisas de determinada maneira. Identifica padrões de comportamento, de sentimentos.

Com a meditação, você aprende a focar seus pensamentos, ter menos pressa, acalmar a mente, prestar atenção em você mesmo(a).

Com o coaching, você consegue pegar qualquer objetivo de vida e desenhar um plano para alcançá-lo.

Esta intervenção aqui no livro serve apenas para que você se dê conta da existência desses três pilares e de como eles podem ajudá-lo(a). Entender nosso passado, nosso presente e nosso futuro e, acima de tudo, entender quem somos como um todo é o que nos ajuda a desenvolver um processo de organização para toda a vida.

Sobre ter objetivos demais

Muitas vezes ficamos tão preocupados com o objetivo lá na frente que não percebemos nem damos a atenção devida ao que está acontecendo agora. O que está acontecendo agora deixa de ter importância porque já começou a ser executado – então ficamos buscando alcançar mais e mais objetivos.

Não me entenda mal – sou fã de ter objetivos. Acho que eles movem a vida, de verdade, mas não podemos achar que a nossa motivação só vem de termos esses objetivos, sem curtir o caminho que nos leva até eles.

É muito legal sentar e pensar em objetivos novos. O que quero fazer no ano que vem? Para onde quero viajar nas minhas próximas férias? Mas de que adianta pensar lá na frente se nossos e-mails estão uma bagunça, não sabemos por onde começar o dia ou todo o resto está um caos? Não parece meio contraditório fantasiar com um objetivo se há outras coisas demandando a nossa atenção agora?

E essa acaba sendo a importância de nos organizarmos, não é mesmo? Porque, quando nos organizamos, dominamos o caos, por assim dizer. Fazemos as coisas com mais calma e encontramos significado no dia a dia. Muito do que estamos fazendo hoje eram objetivos no passado. Curta-os. Vivencie-os bem.

É ótimo querer sempre mais, porém a vida não é feita apenas de coisas novas. Celebre suas conquistas. Valorize sua vida hoje, as pessoas ao seu redor, os seus momentos. Há muita coisa para pôr em ordem antes de ficar apenas imaginando outras iniciativas.

Se você valorizar o que está acontecendo no momento – suas tarefas, seus projetos –, quando vierem outros, será muito mais tranquilo planejar, priorizar e executar. É um processo de aprendizado. Ter objetivos não significa apenas começar a cumpri-los, mas também finalizar antes de partir para o próximo. Estabilizar, aprender com eles. E existem coisas que não dá para apressar – requerem experiência.

Criar o estilo de vida que queremos viver depende apenas de aceitar esse poder de criação que recebemos desde quando nascemos. A organização dá uma forcinha.

Os frutos que nós geramos

"Qual seu resultado desejado?"

Foi o que perguntei a um participante de um curso que ministrei. "Passar mais tempo com o meu filho", ele respondeu.

"Mais tempo quanto? Quinze minutos", provoquei.

"Na verdade, não", ele continuou. "Trabalho tanto que, quando chego à noite em casa, ele já está dormindo. Saio tão cedo que ele ainda não acordou. Aos fins de semana, acabamos tendo tantos eventos como visitar os avós, ir ao mercado, ir ao cabeleireiro... que não consigo ter, semana após semana, tempo para fazer nada com ele, jogar bola ou ir ao cinema... E isso me deixa com um sentimento de derrota que nem consigo descrever. Vejo a minha vida passando, o meu filho crescendo, e eu não faço parte disso. O que eu realmente queria era chegar mais cedo em casa durante a semana e, nos fins de semana, fazer pelo menos um passeio só com ele."

"E o que você precisa fazer para ter mais tempo durante a semana?"

"Preciso me organizar. Terminar tudo o que tenho de fazer no dia antes das 18 horas e, quando der meu horário, ir embora. E só vou conseguir isso se estiver tranquilo, se as prioridades estiverem claras, se eu tiver clareza do que pode ser feito apenas no dia seguinte. E, para o fim de semana, vou conversar com a minha esposa para vermos como organizar nossas atividades de maneira melhor também."

"Então você já tem duas ações bem específicas. Uma é conversar com a sua esposa sobre os fins de semana, e a outra é estabelecer um horário para sair do trabalho durante a semana."

"Você falando assim, parece fácil."

"Não é para ser difícil. As prioridades na sua vida já estão claras. Você só precisa se permitir vivê-las."

Sempre que nos vemos em uma situação que nos incomoda, ou que não nos atende, ou não nos satisfaz de qualquer maneira, pode ser útil refletir um pouco sobre qual o resultado desejado para aquilo. Nossa vida é uma construção que fazemos todos os dias. Hoje coloco algumas pedras aqui, a argamassa ali. Amanhã posso querer destruir uma parte para executá-la de maneira melhor, ou porque preciso investir os recursos do outro lado. No entanto, refletir sobre o que precisa ser feito, o que quero que aconteça, é parte essencial dessa jornada.

Uma saúde instável, a alimentação negligenciada, o pouco tempo para os filhos, o estresse, os prazos em atraso – tudo isso são os frutos que geramos diariamente, semanalmente, mensalmente... Se queremos frutos diferentes, precisamos começar a plantar sementes diferentes. E essas sementes precisam ser regadas, cuidadas... para que germinem e, em algum tempo, gerem os resultados que queremos colher em determinado momento da vida.

Ninguém planta uma semente e tem uma árvore no dia seguinte. O mesmo vale para a sua vida, todos os seus projetos, suas iniciativas, suas habilidades – sua organização de maneira geral. Uma frase que você fala hoje para uma pessoa no trabalho está plantando algo nesse seu relacionamento com ela. E assim acontece com todas as coisas. Por isso hábitos são importantes. Hábitos são a rega diária.

Se você tem pouco tempo para seus filhos, como no exemplo anterior, pergunte-se quais são as pequenas sementes que vem plantando. Porque você já deve ter percebido que uma área da vida influencia a outra. Está tudo integrado. O que você planta aqui, você colhe não apenas aqui, mas ali, lá e em outros lugares. Você pode plantar sementes para ser bem-sucedido no trabalho, mas que outros frutos você está colhendo disso? O segredo é estar consciente e tranquilo quanto às sementes que você vem plantando.

E é aos poucos, dia a dia, semente a semente, que você vai construindo o estilo de vida que quer ter, o projeto que quer concluir, a educação do seu filho, os seus relacionamentos, o seu condicionamento físico, ou até um hobby que você tenha ou gostaria de ter.

A fertilidade é um privilégio, e ela se expressa em todas as coisas.

Disciplina e hábitos

A disciplina nasce da motivação. A motivação é algo que vem de dentro – precisa existir um motivo real para querermos fazer algo.

Em contrapartida, muitas vezes temos a motivação, mas não conseguimos ter disciplina pelo simples fato de não nos organizarmos. Todo este livro traz dicas e técnicas para que você se organize nesse sentido.

Em especial sobre disciplina, o que gostaria de sugerir é que, mais do que se forçar diariamente a ter disciplina para fazer determinadas atividades, você pensasse em como criar o cenário adequado para realizá-las no dia a dia. Vou explicar com o seguinte exemplo: fazer atividade física todos os dias.

Não adianta acertar o alarme para despertar às 6 horas da manhã se você for dormir tarde. Ter disciplina para acordar cedo envolve uma série de acontecimentos anteriores. Chegar à academia cedo é apenas o topo do iceberg. Veja o que eu faria nesse caso.

Eu garantiria que o exercício que vou fazer na academia seja algo realmente prazeroso para mim. Ou uma aula de que eu goste, ou levaria música para ouvir enquanto faço, ou um podcast que me ensine algo que eu esteja a fim de aprender no momento.

Depois disso, vou me programar para dormir horas suficientes para não ter desculpas no dia seguinte ao levantar. Se possível, vou dormir ainda mais cedo que o que eu programaria, para garantir que eu tenha descansado efetivamente.

Também deixaria a minha roupa para a academia pronta. Se eu tivesse de ir direto para o trabalho de lá, deixaria mochila, tudo pronto.

Muitas vezes, o que nos desanima nesses casos é saber que temos de fazer um monte de coisas ao acordar, e isso faz com que fiquemos com preguiça. Quando está tudo pronto, fazer o que se propôs fica mais fácil que não fazer, então fazemos.

Em vez de pensar em disciplina, simplesmente, procure se conhecer e facilitar a sua rotina ao máximo, de modo que esses pequenos gatilhos e organizações do seu dia a dia facilitem tudo o que você quiser fazer.

> Motivação é o que faz você começar.
> Disciplina é o que faz virar hábito.
> Hábito é o que faz você continuar.
> A organização ajudará você com os três.

Universidade pessoal

Escrevo este tópico para falar um pouco sobre a minha experiência como pessoa autodidata e o porquê das minhas escolhas.

Trabalhar em casa facilita. Isso porque consigo gerenciar minhas horas de trabalho de modo que já inclua algum tempo de estudo entre elas. No geral, deixo para fazer atividades que demandem mais concentração enquanto meu filho está na escola, sejam de trabalho, sejam de estudo, porque assim consigo me concentrar melhor. Mesmo trabalhando no escritório, dá para ouvir os outros barulhos da casa e, a não ser que eu coloque o fone de ouvido com música tocando em um volume alto, não consigo me concentrar.

Também já percebi que sair de casa ajuda em muitos momentos. Já fui trabalhar em outros lugares – café, padaria, livraria – porque facilita. É até bom mudar de ares de vez em quando, especialmente para quem trabalha com criatividade, como eu. Esse foi um formato de trabalho que construí para mim com o passar dos anos. Não foi fácil, não foi sempre assim e não é o modelo ideal. Ele ainda está em construção, porém, já vejo grandes vantagens em fazer como faço hoje.

Quando eu trabalhava fora, aproveitava o meu tempo para estudar de três maneiras: 1) acordava mais cedo que todo mundo e ganhava pelo menos uma hora de estudos, mas odiava fazer isso, porque não gosto de acordar cedo, 2) estudava no meu horário de almoço no trabalho e 3) estudava depois que meu filho ia dormir. A não ser que você esteja estudando para um concurso ou fazendo um curso fora todos os dias, dificilmente alguém precisa de mais horas de estudos do que isso. Para mim, sempre foi suficiente.

As pessoas me perguntam como tenho tempo, e acredito que essa seja a principal vantagem de ser organizada! Você consegue priorizar e fazer o dia render. Organize-se! Essa é a principal vantagem da organização – ter tempo para fazer tudo o que for importante para você. É claro que também entra a questão da motivação e da força de vontade. Não adianta dizer que não tem tempo para estudar, mas passar todos os dias vendo TV ou navegando na internet sem objetivo.

Acredito que também faça muita diferença gostar de ler e estudar. Tenho hoje em casa uma biblioteca com quase 800 livros (e crescendo) que muitas pessoas veem e me perguntam: "nossa, mas você lê tudo isso?". E eu respondo: "quem não leria?". Vejo livros como objetos de trabalho. Tenho livros que leio por hobby, mas a maioria dos meus livros é composta de títulos de trabalho, que tenham a ver com a minha profissão, o meu trabalho mesmo da vida, desde organização a temas como administração, vendas, internet. São livros de estudo, para ler, reler, estudar capítulos e temas específicos. Quando acho que o livro não tem mais nada para oferecer, doo para instituições de caridade ou colegas que estejam precisando.

Ou seja, se ler é um hobby, estudar faz parte da vida. Você nunca me verá entediada em uma fila de banco porque estarei lendo alguma coisa em vez de escrever bobagens no celular (não que eu não faça isso também... ninguém é de ferro). No entanto, costumo ver muitas pessoas falarem que não têm tempo para ler ou estudar desperdiçando essas pequenas janelas de tempo do dia a dia com bobagens que nem percebem. Aliás, desculpem pelo termo. Não existe bobagem, quem sou eu para julgar. O que existe é tempo gasto sem intenção. Se você dedicou uma hora do seu dia para escrever bobagens no seu Facebook e isso foi algo que você realmente fez de propósito porque queria desestressar, excelente! Entretanto, se você fez isso porque não tinha nada melhor para fazer com o seu tempo, porque deixou o dia rolar, então foi perda de tempo, sim.

Eu me considero uma pessoa autodidata porque gosto de ter autonomia sobre os meus estudos. Isso não me impede de fazer cursos e trocar ideias com pessoas, mas, no geral, o aprendizado é tocado por mim mesma, não por um professor, coaching ou orientador. Há alguns anos, tomei a decisão de não fazer mais uma faculdade, porque percebi que preferia gastar o dinheiro da mensalidade com livros novos e cursos esparsos. Já sou formada! Tenho meu diploma, pós-graduação. Não preciso de outra faculdade, apesar de achar maravilhoso emendar um curso no outro. Depois que meu filho nasceu, a realidade mudou. Eu não teria como dedicar todas as noites da minha semana a um curso que eu estava fazendo apenas por hobby, porque é isso que é mesmo. Apesar de tudo o que estudamos influenciar no nosso trabalho (pelo menos é o que eu acho), fazer uma nova faculdade apenas para aprender, para mim, é um hobby, porque estudar é um hobby para mim. É diferente de escolher fazer um MBA para dar um *up* no currículo. Os objetivos são diferentes.

Também pensei o seguinte: gosto de tantos assuntos! Se for estudar em um curso específico, certamente precisarei estudar disciplinas de que não goste tanto assim. Não preciso fazer uma faculdade para estudar aquele assunto. Posso estudar por mim mesma, com a vantagem de não precisar estudar o que não tem nada a ver comigo.

Para fazer isso, seleciono alguns temas sobre os quais tenho interesse em estudar atualmente e concentro-me neles. Exemplo: vendas. Atualmente, com o meu trabalho, percebi que me falta conhecimento sobre esse e outros assuntos relacionados. Portanto, trata-se de uma disciplina que quero estudar e, assim, ela entra no meu ciclo.

Posso estudar diversos outros assuntos de interesse, como empreendedorismo, cultura do trabalho, ou até andragogia. Que faculdade me proporcionaria essa amplitude de temas aleatórios? Como poderia existir um curso perfeito se cada pessoa é de um jeito e tem interesses diferentes? Então esta sou eu e este é o meu esquema chamado de universidade pessoal, que acredito que todas as pessoas tenham. Quais são as suas disciplinas de estudo no momento? O que você precisa estudar para o trabalho, para a casa, para a sua vida? Aprender a desenhar, jardinagem, web design. Todos temos interesses. Todos os interesses podem virar objeto de estudo.

E a forma como você vai estudar varia igualmente. Para estudar inglês, defini qual era o meu objetivo: ficar fluente para estudar fora, tirar uma certificação, trabalhar com pessoas que conversam em inglês. Ou seja, era tudo sobre fluência. Como eu poderia aprender fluência em um idioma sem conversar com ninguém? Não dá. Por isso, matriculei-me em um curso on-line no qual estudo tanto fluência quanto pronúncia e gramática. Para treinar a conversação, tenho um amigo que está estudando também e, de vez em quando, marcamos um happy hour para conversar em inglês. Para alimentar vocabulário, leio artigos em inglês na internet e livros na língua original.

Cada disciplina demanda recursos de aprendizado diferentes. E adoro isso! Posso me entediar muito facilmente e, com esse esquema, consigo exercer minha criatividade até estudando.

Sobre o local físico para estudar, não preciso de nada mais sofisticado que cadeira, mesa e silêncio. Tenho um escritório em casa com porta que tranca e abafa a maioria dos ruídos, o que já ajuda muito, mas é uma necessidade de trabalho que, por sorte, ajuda com os estudos também. Se não fosse no escritório, faria o mesmo no meu quarto, quando precisasse estudar. E, mais uma vez, vale lembrar: sair de casa e ir para outro lugar. Tem gente que estuda em biblioteca, por exemplo. Nunca fui, mas acho uma excelente opção. Quando estou sozinha em casa, sento no sofá para ler, porque é mais confortável. Enfim, depende muito.

O que alguns leitores costumam me perguntar é como faço para estudar tendo um filho pequeno. Não consigo entender muito bem o problema porque aqui em casa fazemos todo o trabalho em equipe e sempre educamos nosso filho dentro de uma rotina, com disciplina para horários de dormir etc. E olha que nem sou tão rígida – apenas temos algumas orientações que seguimos para dar segurança ao filhote mesmo. Quando ele era bebezinho, de acordar de madrugada para mamar, eu aproveitava quando estava acordada para ler uma coisa ou outra, mas de maneira bem informal. Fui voltando a ter uma vida "normal" só depois que ele já tinha uns seis meses e dormia a noite inteira. E claro que ele só dormiu a noite inteira com essa idade porque tínhamos uma rotina que supria suas necessidades, não o deixava agitado. Não acontece "do nada".

Mesmo depois, com ele crescendo mais, durante o tempo de qualidade que ele passava com o pai dele, eu aproveitava para fazer as minhas coisas. Desde estudar até assistir a algum filme que eu gosto e meu marido não, ou sair com as minhas amigas. Quando eu trabalhava fora, aproveitava todo o meu tempo livre com ele e ia estudar depois que ele dormia. Hoje em dia, que trabalho em casa e ele frequenta a escola durante meio período, é o tempo que aproveito para fazer as atividades que demandam mais concentração, como mencionei anteriormente. Não tem segredo, de verdade. É questão de organização da rotina e de adequar os horários. É claro que uma família sem rotina e sem força de vontade não vai conseguir o mesmo efeito, porque nada "acontece" – nós fazemos acontecer! É necessário ter força de vontade, motivação e um pouco de disciplina. E quando digo "um pouco", é um pouco mesmo! Não é para ser rígido – somos uma família, não um batalhão do exército.

Tem muito também da questão de saber aproveitar o tempo da melhor maneira possível. Leio muitas revistas porque trabalho com conteúdo, então a inspiração vem de todo lugar. Leio revistas que tragam matérias sobre produtividade, organização, simplicidade, psicologia, literatura – enfim, o que tiver a ver com o meu trabalho e os meus estudos. Como administrar tudo isso? Bem, costumo deixar a revista na minha pasta de trabalho (tenho uma pasta executiva que uso para trabalhar quando saio de casa) e ler na condução, esperando o almoço, o ônibus, na fila do banco. Quando falta pouco para acabar a revista, destaco as matérias que ainda quero ler e levo somente essas comigo, em vez de levar a revista inteira.

Quem está lendo este texto pode pensar: "credo, ela só estuda! Tem de haver um equilíbrio!". É claro! Eu não só estudo, não. Eu trabalho, cuido do meu filho, limpo a casa, faço minhas atividades rotineiras e os hobbies de que gosto. Contudo, quando aprendemos a nos organizar, o tempo rende. E é aquilo que falei sobre a intenção: executar com significado. É ok ficar uma hora inteirinha com as pernas para cima, descansando, se aquilo foi uma escolha sua porque você realmente quer e precisa descansar. Outra coisa totalmente diferente é você fazer isso quando tem um monte de coisas mais importantes para fazer. Às vezes, descansar é o mais importante mesmo. É disso que se trata a organização: definir o que é importante – o que é prioridade! Sem fazer isso, jamais haverá tempo não só para estudar, mas para fazer qualquer outra coisa.

Algumas dicas finais que podem ajudar:

- Defina um orçamento mensal para comprar livros. Faço isso porque, senão, gasto muito mesmo. Algumas pessoas podem precisar fazer porque, senão, não compram nenhum, se esquecem etc.
- Leve sempre algum material de estudo com você, seja onde for. Nunca sabemos quando vai aparecer um tempinho e ficar esperando sem fazer nada é meio inadmissível. Nós nos estressamos, o tempo demora mais para passar e desperdiçamos minutos preciosos.
- Planeje sua semana, distribuindo suas atividades nas 168 horas que cada uma contém.

Bons estudos!

A possibilidade do empreendedorismo

Gosto de falar que decidi empreender antes da crise no Brasil. Foi uma decisão difícil na época em que a tomei, e imagino como seria se fosse hoje, com o país no momento em que está. Ainda assim, diariamente vejo casos de pessoas que "largaram o emprego" e começaram a empreender. E, mais do que isso, vejo as pessoas prosperando. Eu mesma. Então comecei a refletir sobre essa vontade de empreender até mesmo em situações tão adversas.

Acredito que o que mais tenha me chamado a atenção no empreendedorismo foi o fato de poder construir algo meu. Contudo, depois de anos empreendendo, aprendi algumas coisas que foram bastante importantes no meu processo e que posso compartilhar com você:

- Tudo depende da mente do empreendedor. Passei por momentos difíceis e, se não tivesse ficado bem, minha empresa poderia ter fechado. O empreendedor precisa ter a cabeça boa, sempre para a frente, pensando em soluções e de maneira positiva.
- Como já disse Erico Rocha, empreender significa jogar o chapéu do outro lado do muro e se virar para buscar. Gosto dessa analogia. Também gosto da analogia de dizer que empreender é dar um passo sem saber se tem chão ou um abismo de 100 metros de profundidade adiante. Você simplesmente confia. É um sentimento de confiança que apenas quem empreende sente.

Não acredito que empreender seja para todo mundo, mas acredito que seja para muitas pessoas que ainda não são empreendedoras. Se você tem grande poder de criação, capacidade de execução, de resolver problemas, vê soluções onde a maioria não vê e sente um incômodo de maneira geral no seu trabalho no dia a dia, talvez seja um indicativo para considerar essa transição.

Para mim, empreender tem a ver com deixar um legado. Você pode empreender na empresa dos outros também. Tudo é questão de foco.

UM DESAFIO PARA QUEM EMPREENDE: SER O ESPECIALISTA OU O GESTOR

Quando comecei a empreender, em 2014, tudo era muito nebuloso. Coisas básicas como gerenciamento de notas fiscais, pagamento de impostos, organização de documentos – eram novidade para mim. Junte a essas coisas necessárias todo o trabalho que estava acontecendo e que não me permitia "parar para pensar e estudar" nessa situação nova que eu estava vivendo. Hoje sei que esse processo entraria em um "plano de visão" para pelo menos três anos (colocar a operação da minha empresa em estado de cruzeiro). Na época, porém, era muito incipiente. Eu fazia tudo essencialmente na base da boa vontade.

Outra coisa contra a qual eu também lutava e na qual não queria acreditar de maneira nenhuma era no mito (e hoje digo de boca cheia que é mito) de que empreendedor não tem tempo para nada, precisa se dedicar a tudo no negócio e dar o sangue mesmo. Isso é alimentado de maneira geral no mercado. Eu pensava: "Poxa, mas não é possível. Eu trabalho com produtividade. Deve existir uma maneira de não me sobrecarregar com tudo isso." Então, sim, é mito. Você pode ter uma empresa, dedicar-se muito a ela intelectualmente, mas não se sobrecarregar e ter uma vida equilibrada desde o começo.

Bem, do meu ponto de vista, de acordo com o método de organização que desenhei para o Vida Organizada, o primeiro passo é destralhar. E isso vale para qualquer coisa; mas como assim, destralhar? É você se desfazer daquilo que não faz sentido. De cara, pensei: "ok, vou delegar funções então". E aí é que entra a questão da clareza. Delegar o que, exatamente? O que eu "não gosto" de fazer? Travei uma pequena (porém produtiva) batalha interna até descobrir exatamente o que deveria ser delegado. E eu achava mais difícil no meu caso, pois tenho várias frentes de trabalho. Elas se complementam, mas são frentes diferentes.

Definir papéis é a chave para organizar a vida.

Muito do que foi confuso nos últimos anos para mim vem do fato de eu querer "fazer tudo" na minha empresa. Isso aconteceu porque sou uma pessoa que se envolve muito com o que faz. E esse também é um dos perigos de amar demais o seu trabalho. Apesar de sempre ter em mente o equilíbrio e priorizar uma vida tranquila, eu me sentia incomodada por deixar de lado pontos importantes, que gostaria de estar trabalhando e não estava justamente para não me sobrecarregar.

Se você for uma pessoa que tem um emprego e está tocando um segundo negócio em paralelo, perceba que não pode atuar como empregado no seu negócio. É outra natureza. Se você for gestor, tiver uma empresa, uma franquia, um empreendimento seu, saiba que você não é o especialista – e, se for, deve ter especialistas tão bons ou melhores que você trabalhando na sua equipe, de modo que fique na liderança e no direcionamento do negócio – estas, sim, atividades que só você pode fazer. Isso aqui pega direto no ponto nevrálgico, pois geralmente quem empreende o faz porque é bom na área. Pode até ser o melhor, mas isso não basta – a não ser que você queira continuar sendo o especialista, então nesse caso deve ter alguém com você tocando o negócio.

Uma das coisas que mais me atrapalharam nos últimos anos foi querer desenvolver uma rotina de atividades parecidas para todas as frentes de trabalho. E eu trabalhava como se estivesse em um emprego – agendamentos, projetos, prazos etc. E sim, tudo isso é incrível e funciona, mas você tem de inserir os elementos certos nessas categorias de trabalho. E agora finalmente sinto que esteja efetivamente fazendo isso.

PRINCIPAIS ERROS DE PRODUTIVIDADE QUE UMA PESSOA QUE EMPREENDE COMETE E NEM PERCEBE

Aqui vai uma coletânea de erros que cometi ou vi colegas cometendo ao empreenderem em suas carreiras ou empresas. O objetivo é ajudá-lo(a) a reconhecer se você está cometendo algum deles e mudar o curso quanto antes!

Erro 1: Se distrair ficando ocupado

É muito comum, no dia a dia, a gente se perder em ocupações diversas – responder e-mails, assinar documentos, rever contratos, retornar ligações. Tome cuidado para não achar que isso é sinônimo do seu trabalho. Atividades assim fazem parte do dia a dia, mas se você ficar apenas nelas e não dedicar tempo àquilo que realmente importa e vai impactar o seu negócio, a tendência é você ir perdendo relevância (para o mercado e para você mesmo(a)) sem nem perceber.

Erro 2: Cair no microgerenciamento

Detalhes sobre projetos, datas, arquivos organizados, pastinhas e tudo o mais que inventamos achando que isso vai nos dar uma sensação maior de controle – e até dá, mas não basta. Se você cair no microgerenciamento, não vai conseguir ter em vista a perspectiva das coisas, que é: por que estou fazendo isso? O que quero entregar? Controle é importante, mas não é tudo.

Erro 3: Centralizar tarefas que podem ser feitas por outras pessoas

Sei que nem todo mundo que empreende pode delegar tarefas ou contratar outras pessoas. Entretanto, essa deve ser uma das suas principais metas. Identifique tudo aquilo que só você pode fazer (pelo seu conhecimento ou talento) e busque maneiras de delegar todo o resto. Sempre se pergunte se você é a pessoa mais apropriada para realizar determinada atividade. Muitas vezes não é, mas você ocupa seu tempo com ela e, com isso, deixa de fazer outras coisas mais importantes. Que custo isso está tendo no seu negócio?

Erro 4: Remediar falta de treinamento com "ajudinha"

Adoro ajudar as pessoas e me sinto bem por estar disponível para determinadas orientações. No entanto, ajudar uma mesma pessoa (ou várias) mais de uma vez em determinado assunto pode ser falta de treinamento, e sua ajuda nunca terá fim.

Se isso acontecer, identifique de imediato e direcione cada assunto adequadamente. Você pode promover um treinamento, gravar uma videoaula ou terceirizar essa ação. Se forem pessoas que trabalham para você, pode ser útil criar regras, checklists e outros documentos de apoio.

Erro 5: Investir em coisas novas sem pavimentar o que já existe

A ânsia por lançamentos pode levar empreendedores a deixarem de lado bons produtos e serviços já existentes. Uma coisa não exclui a outra. Aperfeiçoe continuamente o que já existe, em paralelo com o lançamento de novos produtos ou versões. Você pode diminuir a quantidade de lançamentos? Sim, mas aumentará a quantidade de clientes retidos já satisfeitos, que podem comprar novamente de você.

Erro 6: Responder e-mails que podem ser automatizados

Respostas automáticas deveriam ser padrão para a maioria dos empreendedores! Muitas pessoas que o contatam precisam apenas de respostas que você já deu em outras ocasiões, ou que você tem em algum lugar do seu site. Desenhe respostas automáticas que você possa configurar em suas contas de e-mail ou tenha templates dos quais poderá facilmente copiar e colar a resposta, sem perder tempo digitando a mesma coisa pela enésima vez.

Erro 7: Trabalhar em casa

Home-office funciona se você tiver um local realmente separado de todo o resto da sua casa. Se você usar a mesa da sala ou um cantinho no quarto, pode funcionar apenas se for temporário. Agora, se você de fato estiver investindo em seu negócio, uma hora vai ter de sair de casa ou separar um cômodo diverso para trabalhar. Espaços de coworking são fantásticos para isso e oferecem uma alternativa com menor custo que uma sala própria comercial. Considere também visitas de clientes, se isso fizer parte do seu negócio.

Erro 8: Não revisar com frequência suas responsabilidades

O ideal é que a cada duas ou quatro semanas você revise as suas responsabilidades e passe um filtro em tudo aquilo que não deveria estar fazendo, para conseguir focar aquilo que só você pode fazer e terá um impacto significativo em todas as suas áreas de atuação.

Erro 9: Ser perfeccionista

O feito é melhor que o perfeito não feito. Analise suas entregas e, se você já deixou de entregar algo no prazo por buscar a perfeição, talvez seja hora de delegar ou de baixar as expectativas com relação ao seu produto. Entregue um arroz com feijão delicioso e vá refinando depois. Nem sempre um empreendedor sozinho tem estrutura para entregar caviar desde o começo.

Erro 10: Usar crises como desculpa

Apagar incêndios traz resultado e satisfação imediata, mas também serve de desculpa para deixar todo o resto de lado. Não use essa desculpa. Seja o rei (ou a rainha) do dia a dia.

Erro 11: Bloquear a agenda

Bloquear sua agenda inteira para se forçar a fazer algo traz um sentimento opressor e não deixa você livre para fazer escolhas espontâneas e abrigar imprevistos. Essas duas coisas acontecerão de qualquer maneira, com a diferença de que você burlará sua agenda ou ficará sobrecarregado(a). Você pode se programar para realizar determinadas atividades, mas seja criterioso(a) – não ocupe o dia inteiro. Deixe espaço para as atividades não planejadas.

Erro 12: Achar que você é o seu trabalho

Geralmente quem empreende o faz porque ama o que faz. No entanto, é preciso ter em vista que você não é o seu trabalho. Você tem outras coisas incríveis na vida que fazem com que seja uma pessoa inteira, completa, e que fique bem para realizar todas as atividades que quiser – incluindo as do trabalho. Tire um pouco da pressão do sentimento de ser o salvador da pátria e abra espaço na vida para pequenas recompensas do dia a dia, como fazer uma caminhada ou simplesmente ficar sem fazer nada um pouco.

Cinco maneiras de se motivar em um trabalho que não é o "dos seus sonhos"

Precisamos trabalhar em busca dos nossos sonhos e, até lá, passar por diversas situações que podem nos chatear ou estressar. Demorei para chegar ao nível de amor total pelo que faço como hoje, então até aqui passei por elas. Hoje, vendo com um pouco mais de distância, identifico cinco maneiras de passar melhor por tudo isso sem prejudicar a saúde e a sanidade. São elas:

1. CONHEÇA SUAS RESPONSABILIDADES

É muito fácil dizer "sim" para tudo quando começamos em um novo trabalho – queremos agradar, mostrar serviço etc. Com o tempo, porém, isso vai se tornando um comportamento nocivo para você. Além de não ter como abraçar o mundo (nosso tempo é limitado), podemos deixar de cumprir nosso papel para cuidar das responsabilidades dos outros. Por isso, a primeira coisa é conhecer seu papel na empresa e as suas responsabilidades oficiais. Essas devem ser feitas, independentemente das outras. As demais atividades devem ser vistas como segunda prioridade, ou até renegociadas. Para conseguir negociar, é importante ter seus projetos em ordem, para que eles sirvam de argumento para você conseguir se dedicar a eles.

2. TENHA RELACIONAMENTOS SEM DRAMAS

Sei que é difícil e que passamos mais tempo no trabalho que em casa com a família. Contudo, procure não ficar íntimo demais, envolver-se em fofocas, falar do trabalho de outras pessoas, perder muito tempo no cafezinho, ir sempre para o happy hour, e por aí vai. Tenha certa distância até para se preservar. Discrição, neste caso, sempre será a melhor pedida.

3. DÊ FEEDBACKS POSITIVOS

Seja você um gestor ou um estagiário, é importante dar feedbacks positivos sempre que alguém realizar um bom trabalho. Não precisa fazer isso na frente de todo mundo, mas vale a pena mandar um e-mail, comentar no corredor ou durante o almoço. Você reforça seu relacionamento de maneira que todos cresçam, incluindo a confiança do time em você.

4. APRENDA A IMPOR LIMITES

Não dá para vivermos pondo a culpa nos outros pelas urgências que aparecem. Organize-se. Ninguém vai chegar para você e dar três horas a mais todos os dias para você organizar seus projetos. Não use a desorganização dos outros para não organizar as próprias atividades. Reserve tempo para imprevistos, trabalhe com margens de erro com relação a prazos e antecipe-se o máximo que puder. Se você não puser limites e criar a própria organização, ninguém fará isso por você.

5. SAIA UM POUCO DO COMPUTADOR

Dê uma volta, trabalhe off-line, revise textos, faça mapas mentais, pesquise, leia, desenhe, exercite a criatividade fora da telinha também. Pode até mudar de lugar para fazer isso, indo para outra mesa ou área da empresa.

Como se organizar para conseguir um emprego

Caso você não esteja trabalhando no momento, mas não quer ficar parado, separei alguns caminhos para voltar ao mercado de trabalho.

SAIBA QUEM VOCÊ É

Pode parecer uma dica superabstrata, mas vou explicar melhor. Pegue uma folha de papel e liste todos os empregos que você já teve desde o início da sua vida profissional. Depois, liste as habilidades relevantes que aprendeu (exemplo: Excel avançado). Liste também todos os cursos que já fez, incluindo graduação.

Quando você analisa esses dados, consegue enxergar um caminho – uma evolução? Você começou como estagiário, por exemplo, e passou a analista, depois a coordenador? Ou começou como caixa de um comércio, mudou para auxiliar administrativo e depois foi para a área comercial? O seu caminho é um indicador do que você já fez e do que os empregadores podem precisar ao considerá-lo(a) para um novo emprego.

É muito difícil para mim falar em termos genéricos, porque o legal seria analisar caso a caso. Só você pode fazer isso. Portanto, liste como ensinei anteriormente e faça essa análise. Identifique um caminho sendo percorrido na sua carreira.

QUAL SERIA A SEQUÊNCIA NATURAL?

Com base nesse caminho, qual você acha que seria a sequência natural?

Se você foi demitido de um emprego cujo cargo era de analista, é natural que procure oportunidades nesse mesmo nível de hierarquia.

Se você está empregado(a) e busca uma nova oportunidade, pode valer a pena procurar algo em uma hierarquia mais alta.

O que estamos buscando aqui é encontrar um foco, pois ele será decisivo nessa busca.

Também pode acontecer de você odiar o que faz e querer mudar totalmente de área. Nesse caso, é muito comum começar do nível hierárquico mais baixo.

VISUALIZE O QUE SERIA IDEAL PARA VOCÊ

Com base nos dados anteriores, e conhecendo a sequência natural (que deixa você com os pés no chão com relação ao que pode procurar), pense em qual seria o cenário ideal para você nesse momento. Se conseguisse o melhor emprego para esse momento que está vivendo agora, como ele seria?

Tente escrever com a maior quantidade de detalhes possível. O tipo de empresa (familiar ou multinacional?), tipo de contrato (CLT ou PJ), como será a sua mesa de trabalho, os benefícios, a equipe em que quer trabalhar, o plano de carreira, a localização. Imagine-se trabalhando nesse lugar.

TENHA FOCO

Depois de tudo isso que pensou e idealizou, procure chegar a um cargo específico. Analista de recursos humanos? Gerente de varejo? Coordenador de marketing digital?

Isso não significa que você não estará aberto(a) a outras oportunidades – apenas que tem em mente o que deseja. E isso já é muito.

SEJA ESTRATÉGICO

Sabendo o que quer, liste os canais onde pode encontrar informações e possíveis vagas no setor. Você tem amigos que trabalham na área? Contate-os. Poste no Facebook o que está procurando e deixe a publicação como "pública". Nessa primeira tentativa, você já pode receber algum contato superlegal de alguém que você nem imaginava. Deixe claro que está disponível!

Procure grupos específicos no Facebook para a área desejada. Os grupos para empregos em geral costumam ter vagas para hierarquias mais baixas, mas pode ser que seja o seu caso também. Você é quem sabe – tudo depende do seu foco.

Veja as vagas disponíveis no LinkedIn e entre em contato. Tenha um perfil lá, atualizado com as informações relevantes que você listou no primeiro item deste texto.

Procure em sites de empregos. Se tiver uma verba disponível para esse investimento, assine alguns serviços pagos disponíveis. Se assinar, dedique-se a entrar em contato com as vagas anunciadas diariamente. Tem de ser a sua rotina.

O legal de alguns desses sites é que você pode ver os outros candidatos que estejam concorrendo ao mesmo cargo que você e providenciar adaptações. Por exemplo, se todo mundo que está concorrendo para ser "Gerente de produto" em uma empresa de tecnologia souber falar chinês, pode ser uma boa você começar a investir nisso.

INVISTA EM SUA FORMAÇÃO

Enquanto isso, dê tempo ao tempo. Aproveite o "tempo livre" entre as buscas pelas vagas para se capacitar. Existem muitos sites na internet com vídeos que ensinam a fazer de tudo. Pode ser uma boa oportunidade para aperfeiçoar um idioma, aprender como finalmente fazer planilhas avançadas no Excel, organizar seus projetos e muito mais.

CONSIDERE OUTRAS POSSIBILIDADES

Apesar de buscar um emprego, considere outras possibilidades como empreender ou estudar para passar em um concurso público. São alternativas ao emprego, caso você tenha vocação para elas.

Cinco coisas para fazer se você não estiver trabalhando (além de procurar trabalho)

Geralmente quem está procurando trabalho pode acabar caindo em um ciclo de desânimo se ficar muito tempo sem conseguir. Veja cinco coisas que você pode fazer para aproveitar o tempo enquanto não consegue um trabalho novo.

AJUDAR ALGUÉM

Fazer trabalho voluntário é algo que sempre é necessário em algum lugar. ONGs, hospitais, escolas. Se você tem tempo que pode doar a alguém, é muito bom se sentir útil de alguma maneira. Você ajudará pessoas que estão precisando, fazendo a diferença na vida de alguém. Vale muito a pena.

DESTRALHAR A SUA CASA

O primeiro passo para organizar a sua casa é começar a destralhá-la. Esse é, porém, um processo contínuo, que não acaba nunca. Aproveite esse meio-tempo e reduza seus itens ao essencial. Destralhar a casa faz com que você mantenha em sua vida apenas aquilo que realmente tem significado para você, o que, de algum modo, manda uma mensagem ao Universo e mexe com as suas energias, abrindo espaço para o novo. Não se surpreenda com os resultados rápidos que esse ato poderá lhe trazer.

Analise suas coisas por categorias ou por cômodo e vá separando aquilo que percebe que não faz mais sentido manter. Guarde o que quer manter. O que não quiser mais pode ser vendido, doado, dado de presente, reaproveitado de outra maneira, reciclado e, por último, jogado no lixo.

APERFEIÇOAR UM IDIOMA

Sempre há espaço para melhorias do nosso próprio idioma, então pegue sua gramática de português, veja vídeos na internet, faça exercícios de redação e interpretação de textos. Isso vai ajudar muito em qualquer trabalho que venha a ter futuramente. O mesmo vale para outros idiomas, como inglês, espanhol, francês etc. Há algo a melhorar? Como você pode aproveitar esse tempo livre para aperfeiçoar ou começar a aprender um idioma novo? Hoje, com a internet, os recursos são infindáveis. Basta ter força de vontade.

EMPREENDER

Muitas vezes ficamos presos a um formato de trabalho porque a insegurança do desemprego e das contas vencendo é mais forte que qualquer outra coisa. Eu entendo! Tente, porém, identificar se não existe algo latente dentro de você, uma vocação, um talento escondido, algo de que você goste ou saiba fazer, que pode valer algum dinheiro. Se você descobrir algo assim, pode começar devagar e fazer com que isso se torne o negócio da sua vida. Muitos donos de grandes empresas começaram dessa forma e, em vez de procurar empregos, geraram milhares de outros. Por que não?

Dica: Elabore mais de um currículo profissional

Trabalhar em mais de uma frente de trabalho me ensinou, ao longo dos anos, que valeria a pena ter um currículo pronto para cada uma dessas frentes; mas, mesmo antes disso, quando eu ainda trabalhava apenas como publicitária e estava procurando emprego, tive a ideia de criar um currículo para cada cargo que eu estivesse almejando, e muitas vezes personalizando-o para a empresa pretendida.

Essa dica simples e rápida funcionou em todas as vezes que eu estava procurando emprego. Dessa maneira, você consegue especificar as habilidades requeridas e personalizar as informações para a empresa que analisará o seu currículo, o que sempre dará a sensação de "encaixe".

Você pode até ser criativo(a) com seu currículo nessa personalização. Pode gravar um vídeo, incluir uma foto, além de outras informações relevantes.

Capítulo 4

Fluxo

Esteja presente onde quer que esteja

Antes de eu começar a me organizar no trabalho, eu percebia que nunca estava realmente presente onde quer que eu estivesse. Se eu entrasse em uma reunião, já ficava ansiosa pensando na hora que deveria sair da sala, pois tinha coisas mais importantes para fazer. Isso me fazia ficar pensando em outros assuntos, rascunhando outras ideias. Hoje vejo como uma oportunidade perdida. Eu poderia ter usado aquela reunião, por exemplo, para aproveitar a presença das pessoas, tirar dúvidas, discutir pontos importantes. Outro exemplo clássico é o de usar o celular enquanto está com outra pessoa (esse fenômeno já é mais recente). Por exemplo, se você sai com uma amiga para jantar, é porque quer ficar com ela e aproveitar esse momento. Então para que ficar no celular?

Estar presente é uma das melhores maneiras de exercitarmos a nossa mente plena e tranquila. "Ah, mas tenho coisas para resolver no trabalho, preciso ver meu e-mail". Então talvez você devesse ter marcado com a sua amiga em outro dia. Se quiser estar ali com ela, esteja ali com ela. Uma dica que dou, nesses casos, é verificar o celular quando a pessoa for ao banheiro, por exemplo, ou então combinar uma pausa recíproca entre as duas para que possam ver se receberam mensagens; mas mexer no celular enquanto a outra pessoa quer estar com você... puxa, isso é ruim. E já vi pais e mães fazerem isso com filhos no restaurante, no parque, em vários lugares. Reclamamos tanto do tempo, mas não atentamos para atitudes puramente básicas como essa.

Meu objetivo com este tópico não é ditar regras, mas propor um exercício: quando estiver com alguém, e estar com esse alguém for realmente a coisa mais importante naquele momento, guarde o celular (ou o que quer que seja usado como distração – um livro, um bloco de notas, o que for – o vilão não é o celular, mas sua falta de atenção!). Antes de se encontrar com alguém, pergunte-se: o que preciso fazer para estar completamente presente no momento? Muitas vezes, coisas simples. Criar uma lista das coisas a fazer que estejam preocupando você, no papel mesmo, ajuda a esvaziar a mente. Enviar uma última mensagem para alguém dizendo que vai entrar em um compromisso e não poderá responder tão breve. Você decide.

É apenas um exercício. Tente! Ah, é claro: agradeça sempre pela presença da pessoa. Afinal, quem dedica um tempo para você, neste mundo em que ninguém nunca tem tempo, merece, sim, ser valorizado. Não é?

Isso também vale para aquele momento em que você quer meditar, ler um livro ou fazer qualquer outra coisa curtindo a própria solidão voluntária.

Mente plena e estar presente

Mindfulness é o termo da moda (pelo menos, quando este livro foi escrito). No entanto, ter a mente plena vai além de experiências transcendentais. Trata-se da habilidade de estar presente. Como toda habilidade, não pode ser desenvolvida da noite para o dia, mas depende da nossa consciência de que ela existe e de que queremos que se torne um hábito.

Estar presente é estar tranquilo com relação a tudo aquilo que você não está fazendo no momento. Para que isso aconteça, você precisa ter organizado o que pode ser organizado. Não é possível se concentrar na redação de um documento se você tiver algo mais importante que deveria estar sendo feito naquele momento que fica martelando na sua cabeça. Por isso, tudo o que ensino aqui sobre organização serve justamente para que você possa construir um todo complexo que possibilite essa tranquilidade. E, como comentei, não se trata de fazer algo da noite para o dia, mas de uma construção diária.

O que precisa acontecer para você estar realmente presente?

Essa pergunta vai mudar toda a sua organização pessoal, se você permitir.

O que traz estresse? O excesso de preocupações. Estar em uma reunião pensando no que deveria estar fazendo, nas contas a pagar, nos prazos e naquele monte de outras coisas que tiram sua atenção do momento presente.

Ao mesmo tempo, o que é desorganização? É você chegar na reunião sem ter se preparado. Não ter pago as contas. Não conseguir cumprir seus prazos.

Quando você tem todas as informações necessárias em uma agenda (compromissos, tarefas pontuais, lembretes e informações importantes para determinados dias), você consegue abri-la semanalmente e pensar, para cada item: o que precisa acontecer para eu ficar tranquilo(a) com relação a isso? O que precisa acontecer para eu estar realmente presente nessa reunião?

A resposta vai denunciar o básico que você precisa fazer. Preparar uma pauta para a reunião com o seu gestor. Separar as contas que vencem nesta semana para pagar na segunda-feira. Reservar um tempo na terça-feira para trabalhar em um prazo que vence na quinta-feira.

Somos tão atropelados pela demanda que esquecemos a coisa mais básica, que é viver um dia de cada vez. Esse planejamento semanal permite isso. Porque, a cada dia, você abre sua agenda e sabe o que efetivamente precisa ser feito. Por isso não dá para inserir coisas aleatórias na agenda. Ela precisa ser um retrato fiel do seu dia, daquilo que você realmente precisa fazer, sem falhas.

E, no dia, repita a pergunta: o que preciso fazer para estar completamente presente? Isso na sua casa, no seu trabalho, no jantar com os amigos. Se você toma providências antes, consegue aproveitar o durante e capturar ideias para o depois, de modo que não se preocupa. Você lida com as coisas, em vez de se preocupar com elas.

Uma única pergunta que muda tudo. Não acredita? Experimente.

Produtividade e criatividade

Já ouvi muitas vezes essa comparação, como se criatividade e produtividade não pudessem caminhar juntas. Como se, para conseguirmos dar conta de tantas demandas, tivéssemos de deixar a criatividade de lado. Ou ainda, para conseguirmos criar, somente ficássemos no famoso ócio criativo.

Ser produtivo é aproveitar o tempo da melhor maneira possível. É executar com significado.

Se você sabe que no período da noite costuma ter as suas melhores ideias, pode deixar reservado um tempinho às vezes nesse período para fazer um brainstorm para algum projeto, ou mesmo rabiscar ideias para outra atividade já em andamento. Se você trabalhar com artes, ser produtivo é descobrir o horário em que consegue exercer mais a sua criatividade e usá-lo sempre para produzir.

Você pode desenvolver alguns rituais para chegar a esse estado – ouvir determinado tipo de música, tomar um chá, ir a uma cafeteria ou livraria. Cada pessoa certamente tem os seus truques pessoais de produtividade, que usa mesmo inconscientemente para conseguir chegar a esse estado de criação.

Esses momentos de criatividade na verdade são um estado mental – uma predisposição do seu nível de energia. E, conhecendo-se, você pode programar esses momentos ao longo da sua semana e dedicar-se a eles sem deixar de executar outras tarefas que também precisam ser feitas – mas não demandam tanta criatividade.

Se por acaso alguma ideia surgir quando você não estiver em determinado contexto, não precisa parar tudo o que está fazendo e ir trabalhar. Anote. Grave um áudio, tire foto das anotações que fez no guardanapo do restaurante – mas não perca suas ideias – nem o momento! Registrando suas ideias, você poderá trabalhar com elas mais tarde, com o foco necessário.

Dá para ser criativo e produtivo se você ajustar pequenas peças do seu dia a dia para fazer tudo isso acontecer. Produtividade é um trabalho de autoconhecimento e de construção do nosso trabalho. Se envolve criatividade, envolve produtividade.

Espaço para a criatividade

"Esperar a inspiração chegar". Talvez você já tenha ouvido essa frase. O fato é que, como o tempo, a inspiração não se cria. Ela existe. O que podemos fazer é criar condições, em nosso cotidiano, para que a inspiração apareça. Trata-se de criar espaço. Veja então algumas dicas para que isso aconteça:

- Organize o que pode ser organizado. Nem tudo pode ou deve ser organizado, porém, se eu estiver preocupada com uma conta que não foi paga, ou com o leite que preciso comprar para o café da manhã do meu filho, é muito difícil permitir que a criatividade se manifeste.
- Gerencie seu nível de energia. Muito se fala sobre a produtividade ser a gestão do tempo. Discordo. Acredito que ser produtivo significa saber gerenciar o meu nível de energia. Preciso dormir bem. Preciso conhecer os períodos do dia em que me sinto mais disposta, inspirada ou criativa. Conhecendo a mim mesma, sabendo o que funciona e o que não funciona para mim, consigo moldar melhor cada um dos meus dias para "funcionar" como espero que funcione bem.

- Conheça seus "gatilhos" para a criatividade. Nosso dia a dia é composto de rituais. Para mim, funciona quando coloco um fone de ouvido, determinado tipo de música e começo a escrever. É um gatilho que simplesmente funciona. Trabalhe para, diariamente, descobrir outros gatilhos que o levem a um modo mental específico sempre que precisar criar as condições necessárias para todas as suas atividades rotineiras, incluindo as criativas.
- Capture as suas ideias. David Allen diz: "Sua mente serve para ter ideias, não para armazená-las". Já me acostumei a ter sempre um caderninho comigo. Se penso em uma coisa pela segunda vez, significa que não a capturei de primeira, e poderia tê-la esquecido. Por isso, é legal anotar. As boas ideias não surgem quando você precisa delas. Elas simplesmente surgem. Então anote as suas ideias para quando precisar delas.
- Estabeleça limites. Existem algumas pesquisas que dizem que os procrastinadores não adiam tarefas porque são preguiçosos, mas pelo contrário, porque são tão eficientes que sabem que, se deixarem para a última hora, farão um excelente trabalho! Procure trazer essa efetividade para a sua rotina então, impondo limites para o seu trabalho. Se costuma trabalhar oito horas por dia, tente resolver tudo o que tem para fazer em quatro horas. Se precisa ser criativo, estabeleça um bloco de tempo de duas horas, ou de trinta minutos, para trabalhar naquele tópico e fazer o melhor que puder.

Não espere pela inspiração. Crie as condições diariamente para que ela apareça.

Tempos de solidão

Talvez por ser uma pessoa introspectiva, percebi que preciso de tempos de solidão ao longo da minha semana para fazer determinadas atividades. Não apenas na vida pessoal, mas no trabalho também. Esses períodos de solidão são para:

- Meditar
- Escrever
- Caminhar
- Pensar

- Refletir
- Solucionar problemas
- Planejar projetos

Não é necessário marcar na agenda quando realizarei esses momentos, mas, pelo menos uma vez por dia, procuro abrir espaço para mim mesma. Quando fico muito tempo com outras pessoas (por exemplo: dando aulas ou fazendo uma palestra), preciso desse período sozinha não apenas para descansar, mas para recarregar as minhas energias. Preciso dessa reconexão comigo mesma para trazer qualidade de pensamentos e sentimentos em tudo o que faço.

Reuniões

Existem muitas dicas de produtividade relacionadas a reuniões. Para mim, a única dica efetiva e que impacta em todo o resto é: nunca realize reuniões sem um objetivo definido. Tenha esse objetivo claro desde antes da reunião, pois isso pode impactar a maneira como os participantes se prepararão, quanto tempo ela deve durar, onde deve ser realizada, entre outros aspectos.

De modo geral, se você puder resolver o assunto da reunião de outra maneira, que não fazendo uma reunião, sempre será melhor. Uma reunião é um momento forçado no dia a dia (muitas vezes), em que os principais recursos da empresa (as pessoas) são alocados para discutirem assuntos específicos. Por isso, use esse recurso com critério.

Em contrapartida, reuniões podem ser excelentes para se engajar em pensamento estratégico, entrosar a equipe, discutir ideias. Nem sempre, porém, aquele formato padrão, de uma hora, dentro de salas de reunião, é o mais adequado. Seja criativo(a). Faça reuniões de pé, andando, no jardim, na cafeteria. Tudo começa com o propósito.

Como lidar com dias improdutivos

Uma dica que costuma funcionar sempre é pegar leve, não se cobrar tanto, não pensar no montão de coisas que se tem para fazer e começar uma a uma.

Às vezes estamos doentes, com mal-estar, num astral não muito legal, meio sobrecarregados, com muitas interrupções ou qualquer outro estado que nos deixa com a sensação de baixa produtividade.

Quando isso acontece, o que procuro fazer é realmente pegar minhas listas de tudo o que tenho para fazer no dia e ir uma a uma, sem olhar o montante. Começo pela primeira e vou, uma a uma, e assim surpreendentemente consigo concluir tudo.

Isso deve acontecer porque, quando já não estamos muito bem, ver aquele monte de coisas para fazer pode nos deixar mais estressados ainda.

No meu caso, faço assim:

1 Vejo o que tenho na minha agenda, que são as atividades pontuais e os prazos do meu dia. Por exemplo, cinco itens ali. Começo com o primeiro, depois vou para o segundo etc. Sem estresse, sem pensar no total.

2 Então acesso minha lista de coisas a fazer, onde tenho afazeres que vencem em determinado dia. Igualmente, trabalho em uma coisa de cada vez, tendo três ou tendo quinze tarefas.

3 Se ainda sobrar tempo e eu estiver a fim, dou uma olhada no que vence nos dias seguintes para ver se consigo adiantar alguma coisa. Isso é uma vitória!

Outra coisa que me ajuda muito quando estou me sentindo nesses dias é esvaziar minha mente. Pego papel e caneta e começo a escrever o que está me preocupando. No geral, só de colocar no papel eu já fico mais tranquila. Então vejo aquelas anotações e analiso-as para ver se preciso tomar alguma providência.

Imprevistos e interrupções

Uma das perguntas que mais ouço quando faço treinamentos, cursos, palestras e mesmo em conversas com leitores é sobre como os imprevistos atrapalham as atividades planejadas. Vale lembrar que se enquadram como imprevistos: acidentes, demandas de última hora, reuniões urgentes, telefonemas inesperados e todo tipo de impacto não planejado que sofre o seu dia a dia. Eu ouço muito: "Thais, eu até sei planejar. O problema é que esses imprevistos acontecem o tempo todo, e aí eles bagunçam a minha vida.".

A primeira coisa que você precisa compreender é que nós não sabemos quando algum imprevisto vai acontecer – mas sabemos que imprevistos acontecem quase diariamente. Logo, eles não seriam imprevistos, certo? Se sabemos que podem acontecer imprevistos, precisamos planejar para o não planejado.

E como fazer isso? Ao estimar a quantidade de tempo que você levará para executar alguma atividade, sempre superestime o tempo. Por exemplo: se precisar preparar um relatório e sabe que leva três dias para isso, estime cinco ou seis. Exagero? Nem tanto. Se algum imprevisto acontecer – como acabar a energia elétrica, seu computador pifar, você ficar sem internet –, seu prazo não será impactado por ele. Se nada acontecer, você terminou seu relatório antes e ainda tem espaço livre na agenda para adiantar outras coisas.

Muito do que é sugerido como estratégia de organização pessoal é puro bom senso. Você pode pensar: "Mas Thais, essa dica é superóbvia.". No entanto, nem todo mundo faz o óbvio, não é mesmo? A ideia aqui é tornar esse montão de coisas óbvias hábitos no nosso dia a dia, de modo que, neste caso, com relação aos imprevistos, eles não nos atrapalhem.

Outra dica legal é conhecer a natureza do seu trabalho. Se você trabalha como recepcionista de hotel, médico em pronto--socorro ou atendendo a chamados na área de TI, obviamente a natureza do seu trabalho será lidar com imprevistos e interrupções – diferentemente de uma pessoa que trabalha com cronogramas fechados ou que consegue planejar melhor suas atividades.

Conhecendo a natureza do seu trabalho, você consegue saber quanto do seu dia você deve deixar livre para os imprevistos. No geral, uma pessoa que trabalha em escritório pode deixar de duas a quatro horas do seu dia sem atividades planejadas (tarefas, reuniões) para atender a essas demandas do próprio dia. Isso significa não planejar nada nesse tempo e deixá-lo livre para lidar com imprevistos e interrupções. Se imprevistos e interrupções não acontecerem, você ganhará horas preciosas para adiantar outras atividades e ter mais tranquilidade no dia a dia. Nunca será tempo perdido.

Procure não deixar todo o seu dia sem se programar, a não ser, é claro, que essa seja a natureza do seu trabalho. Contudo, mesmo se for, você ainda terá atividades que precisa cumprir, de rotina, como ler seus e-mails, entre outras.

Saber lidar com imprevistos é uma questão de planejamento – de planejar para o não planejado. É também uma arte. Se você não planejar adequadamente, com certeza terá um dia a dia reativo e estressante, porque os imprevistos nunca deixarão de acontecer. Assuma o controle da sua vida. É disso que a organização se trata.

Trabalho reativo

Daquele trabalho em que a gente apenas responde ao que nos é solicitado. Vivemos no modo "urgente", apenas apagando incêndios. Conhecemos nossas prioridades, planejamos nossas atividades e projetos, mas simplesmente não conseguimos trabalhar nelas porque o telefone toca o tempo todo, o chefe demanda outras coisas, ou simplesmente precisamos lidar com outras atividades que surgiram no próprio dia e precisam ser resolvidas.

Organizar o seu trabalho como um todo com as dicas que você está aprendendo neste livro já ajudará você a gerenciar a demanda e, aos poucos, executar com mais antecedência e significado, sem que as coisas fiquem para a última hora. Assim, mesmo que você precise aceitar demandas de terceiros, elas não impactarão negativamente na sua rotina.

Viver nesse modo responsivo tem suas vantagens e desvantagens. A vantagem é que, muitas vezes, a natureza do seu trabalho demanda que você seja essa pessoa reativa. Você simplesmente precisa estar disponível para atender a chamados de clientes ou resolver problemas. Nesse caso, você precisa estar disponível e essa é simplesmente a principal característica do seu trabalho. Vale a pena uma avaliação interior para entender se é o modelo de trabalho que você quer para você. Porque, se essa rotina o incomoda, talvez seja adequado pensar em planejar algum tipo de mudança de percurso.

A desvantagem desse modo de trabalho é que, se a natureza do seu trabalho não é atuar "respondendo", mas cumprindo prazos e lidando com cronogramas e grandes projetos, pode ser que você não consiga alocar tempo para as atividades mais importantes. Nesse caso, existem algumas providências que você pode tomar:

1 Listar as suas responsabilidades atuais. Isso pode até ser feito em parceria com o seu chefe. Pegue o escopo descritivo da vaga de emprego para a qual você se candidatou ou faça uso de documentos disponíveis (se existirem) para montar uma primeira versão dessa lista. A própria análise do seu dia a dia, caso você não tenha uma descrição oficial, pode ajudar. Discuta a lista com o seu chefe para entender se está com a visão correta e faça ajustes, se necessário.

2 Tendo essa lista em mãos, verifique quais são as atividades que precisam ser feitas com recorrência determinada (todo dia, toda semana, uma vez por mês) e também quanto tempo leva para executar aquela atividade. Você pode inserir esses planejamentos em sua agenda, ao planejar o seu mês (veja mais sobre isso no capítulo sobre planejamentos).

3 Ao planejar os seus dias, procure sempre deixar livres algumas horas para atender às demandas do próprio dia.

4 Se alguma demanda chegar até você e, com sua lista de responsabilidades em mãos você perceber que não faz parte do seu escopo, e você não tiver tempo para alocar a ela, discuta a demanda com seu chefe. Pode ser que ele permita que você a delegue a outra pessoa da equipe, mais apropriada para aquele papel, ou que adie a execução em detrimento de atividades mais importantes que você precisa executar.

Ou seja, comunicação é tudo! Mas, para uma comunicação eficaz, a organização se faz necessária. Espero que, com o roteiro acima, você consiga tomar providências significativas para diminuir a reatividade em seu dia a dia de trabalho, se isso for necessário.

Certifique-se sempre de estar sendo produtivo(a) e não simplesmente ocupado(a) batucando no teclado. Faça pequenas pausas ao longo do dia para respirar, descansar e reavaliar o trabalho que está executando.

Como organizar suas ideias

Ao longo da sua vida, você já deve ter reparado que há diversos momentos em que precisamos tomar decisões ou pensar sobre algum assunto e, se tomarmos notas, o que escrevemos pode se perder por aí, em meio a tanto papel, tanta pasta, tantos cadernos. Gostaria de compartilhar então como costumo me organizar quando lido com ideias. Afinal, sou publicitária, blogueira e escritora – três atividades profissionais que mexem muito com a criatividade, então não quero perder nenhuma ideia que eu tenha. Vamos lá.

TENHA UM MURAL OU QUADRO-BRANCO

Sou uma pessoa bastante visual, daquelas que precisam escrever para pensar. Meu cérebro funciona melhor se eu puder expressar as minhas ideias em um quadro-branco na parede, em uma lousa ou com um mural, onde coloco folhas e post-its.

DESENHE MAPAS MENTAIS

Mapas mentais são um recurso brilhante para fazer associação de ideias – perfeito para fases iniciais de planejamento, quando você não sabe exatamente que caminho seguir. Gosto de fazer mapas mentais à mão (em folhas de sulfite mesmo) ou em ferramentas eletrônicas (exemplos: Mind Meister, Free Mind).

CENTRALIZE SUAS IDEIAS EM UMA CAIXA DE ENTRADA E PROCESSE DIARIAMENTE

Se você gosta de tomar notas em lugares diferentes, procure centralizar esse material e processar diariamente. Ou seja, todos os dias, pegue o que juntou na sua caixa de entrada e decida o que fazer com relação àquilo – mesmo que, muitas vezes, seja apenas arquivar. Pelo menos o material não se perde. Isso é imprescindível.

FAÇA LISTAS

Adoro fazer listas! Além de serem um excelente recurso para nos organizarmos, elas também são ótimas para irmos elencando as ideias para depois aprofundarmos nelas.

TENHA UM SISTEMA ÚTIL DE ARQUIVAMENTO

Pode ser com pastas suspensas, com pastas de elástico, e até uma versão digital. Para arquivar, use um sistema alfabético por palavras-chave.

Dicas extras para quem "pensa demais" e tem muitas ideias

Se você tem muitas ideias na cabeça, este texto serve para ajudá-lo(a) com algumas dicas práticas.

- Tenha sempre uma ferramenta de captura com você, a mais fácil possível (se for difícil de usar, você não vai usar). Pode ser papel e caneta, a câmera do celular para tirar uma foto ou o gravador de voz, ou o bloco de notas no computador. Apenas tenha sempre com você algo rápido e fácil de pegar, pois nunca se sabe quando algo vai surgir e as melhores ideias vêm nos momentos mais curiosos!

- Procure ter um inventário completo de tudo o que você precisa fazer (esse é um trabalho constante), pois a revisão regular pode ajudar a ficar com a cabeça mais tranquila. Além disso, essa revisão pode lhe trazer novas ideias que quando capturadas lhe darão mais tranquilidade e sensação de estar trabalhando naquilo.

- Capturar uma ideia não significa resolvê-la na hora. Também não é um compromisso de que você terá de fazer aquilo. Apenas serve para tirar da cabeça por ora, para que você lide com aquilo depois.

- Exercite o hábito de fazer um diário. Pode ser digital ou em papel, mas escreva diariamente. O que você vai escrever é indiferente. Você pode fazer um registro das suas atividades, assim como pode querer escrever sobre suas frustrações ou ideias mais incríveis. O importante é liberar espaço na mente e clarear as ideias. O simples fato de escrever diariamente pode fornecer importantes insights.

- Faça uma limpeza física das coisas quando estiver se sentindo com a cabeça cheia. Arrume as gavetas, limpe a mesa, tome um banho, lave a louça. Esses comportamentos que fazemos com a ajuda do físico nos ajudam a desbloquear a mente.
- Outra coisa legal a fazer se sua mente estiver cheia é parar durante dois minutos e escrever tudo o que está nela. De "comprar leite" a "briguei com minha esposa", isso ajuda muito a ter noção do volume e ver tudo sob outra perspectiva.
- Faça um brainstorm com alguém. Se estiver com a cabeça cheia de ideias (ou de problemas) que podem incluir outras pessoas, envolva-as. Chame seu colega de projeto para fazer um brainstorm usando mapas mentais ou seu namorado, por exemplo, para planejar a viagem de férias que pretendem fazer juntos. Muitas vezes, a contribuição da outra pessoa vai ajudar a lidar melhor com as próprias ideias que você tem.
- Faça uso de outras ferramentas que despertem a sua criatividade, como quadros-brancos, cadernos bonitos que dão vontade de usar e folhas de sulfite ou maiores. Não se limite a "papeizinhos", apesar de eles muitas vezes serem suficientes também.

Como você se engaja com os seus pensamentos?

Às vezes chego em casa com a cabeça cheia. Dias repletos de compromissos e muitas trocas de mensagens com pessoas de diversos níveis de relacionamento na minha vida. Quando isso acontece, sinto uma necessidade instantânea de pôr todos os meus pensamentos no papel antes de dormir.

Usar um método – como uso o GTD – significa pegar cada um desses pensamentos e perguntar: "o que isso significa para mim?". O que, de certa maneira, é como se eu perguntasse: "como quero me engajar nisso?". E é um questionamento que aplico a cada mensagem que recebo. Por exemplo: mensagens urgentes de clientes, mensagens importantes de amigos, outras de amigos que estão passando por dificuldades e querendo conversar, enquanto o próprio dia está bastante cheio.

Ao fazer essa pergunta a mim mesma, isso me dá a chance de ter uma relação legal com cada um desses "inputs". Consegui ver claramente para o que eu poderia dizer "não" e deixar de lado sem me sentir mal, por quaisquer motivos – ou porque não dava para abrigar isso na minha vida na ocasião, ou porque não era o momento de lidar com o assunto por não me sentir preparada.

Isso torna meu dia perfeito? "Menos cheio"? Evitou conflitos? Não; mas me permitiu lidar com eles com tranquilidade. Permitiu que eu pensasse com calma antes de responder a uma mensagem – pensar no propósito de cada conversa. Eu não tinha isso antes, então, para mim, é uma grande mudança.

Às vezes penso, de verdade, que a vida se resume aos relacionamentos. E fico refletindo de que maneiras a organização pessoal pode ajudar nisso tudo. Ter a mente em paz e com os assuntos em ordem faz muita diferença. Tirar as coisas da cabeça, esclarecer como quero me engajar em cada uma delas. E efetivamente fazer isso.

Deep work

Cal Newport define "deep work", ou "trabalho focado", em português, como toda atividade profissional desenvolvida em um estado livre de distrações que levam nossa capacidade cognitiva ao limite. Esses esforços criam novas noções de valor, melhoram as nossas habilidades e são difíceis de serem replicados.

Bill Gates, por exemplo, conduz suas famosas "semanas do pensar" duas vezes por ano, quando ele vai para um lugar isolado para fazer nada, a não ser pensar. Ao analisar biografias de grandes artistas e personalidades ao longo da História, encontramos casos semelhantes. Alguns aprendizados e algumas atividades profissionais são complexos e requerem um estudo mais aprofundado de nossa parte. Deep work, então, é aprendizado. Cal Newport, autor do livro *Deep work*, diz que será uma habilidade cada vez mais requerida no mundo do trabalho.

Minha proposta é que você tente trazer esses blocos de trabalho mais aprofundado para o seu dia a dia. Quais os melhores dias? Quais as melhores condições? E ainda: quais os temas em que você precisa se aprofundar hoje? Você pode querer listar esses temas a seguir.

Capítulo 5

Rotinas

O que são rotinas

Quando falo sobre rotina, não me refiro a horários fixos, mas à sequência e à frequência de acontecimentos em nosso cotidiano. O foco que gosto de trabalhar (e recomendo) é o de desenvolver uma rotina tranquila, sempre. Ter sob controle aquilo que pode ser controlado diminui muito a incidência negativa daquilo que não pode ou não deve ser controlado. Por exemplo, eu não quero inserir na minha agenda um horário para que eu possa descansar, mas eu gostaria de ter essa flexibilidade no meu dia a dia para poder escolher fazer isso quando eu quiser ou puder. Não se trata de organizar "tudo", mas de organizar aquilo que pode ser organizado para deixar a vida agir espontaneamente com a gente.

Existem algumas práticas que aprendi e testei nos últimos anos com bastante sucesso com relação à rotina. Antes de falar sobre elas, gostaria de trazer um ponto importante, que é o da necessidade de você assumir o controle disso em sua vida. É muito comum ouvir diversos profissionais dizendo que "não têm rotina", que fazem as coisas à medida que elas aparecem. O que quero dizer é que, enquanto você continuar repetindo isso, nada vai mudar. Porque as pessoas que conseguem trazer as suas prioridades para a sua rotina são aquelas que têm o controle sobre a própria vida. Que sabem falar não. Que buscam uma estruturação mínima não para "controlar", mas para deixar todo o restante fluir bem. Se você não definir sua rotina, ela será definida por outras pessoas. E, quando isso acontece, você também descobre que está trabalhando no que é prioridade apenas para os outros.

Muito se fala sobre gerenciamento do tempo, mas acredito que o que a gente faz mesmo, quando se fala em organização e produtividade, especialmente com relação à rotina diária, é gerenciar nosso nível de energia. Somos seres humanos com necessidades básicas e necessidades de alma. Se não atendermos a essas necessidades, tudo pode desmoronar, mesmo que aos poucos. E uma das maneiras de atender a essas necessidades é desenvolver e manter uma rotina para que aquilo que precisa ser cuidado realmente seja cuidado, abrindo espaço para todo o resto.

Como construir uma rotina (mesmo quando você acha que não tem uma)

2 × 1

Uma técnica que me agrada muito é pensar no meu dia em três meios períodos: manhã, tarde e noite, e que todos podem ser organizados de determinada maneira. Descobri que uma forma de equilibrar minha rotina é a seguinte: se dois períodos do dia estão agendados com compromissos, eu preciso deixar o outro período livre. Na prática, funciona assim: se tenho reuniões à tarde no trabalho e um jantar com amigos à noite, vou procurar deixar minha manhã livre. Se, em outro dia, eu tiver compromissos pela manhã e pela tarde, deixarei a minha noite livre – ainda que se trate de compromissos profissionais e depois compromissos pessoais, o que teoricamente nada teriam a ver, mas no fundo têm porque é a mesma pessoa que estará envolvida em todos eles (deslocando-se, cansando-se). Então, se eu tiver um dia cheio de compromissos no trabalho, vou deixar a minha noite livre, porque sei que ficaria cansativo sair ou cumprir outro agendamento se eu o marcasse. Da mesma maneira, quando tenho um dia mais tranquilo no trabalho, sem tantos agendamentos, sinto-me mais confortável para agendar algo para a noite, pois sei que não estarei tão cansada.

Outra maneira de ver essa técnica é para trazer mais agendamentos quando necessário. Se você não costuma ter muitos agendamentos ao longo da semana, consegue então usar outra técnica, que é a técnica de blocos de tempo, que veremos adiante. Contudo, se o seu dia a dia costuma ter muitos agendamentos, talvez essa técnica não funcione tão bem para você.

Procure testar essa técnica dos três períodos para ver como funciona o gerenciamento da sua energia ao longo da semana. Dois meios períodos com agendamentos para um meio período livre, e você verá a mudança no seu nível de energia quase de imediato.

TEMPO PARA IMPREVISTOS

Essa técnica é um complemento da técnica anterior. Não é possível planejar um dia inteiro de atividades. Imprevistos acontecem e, mesmo que não aconteçam, é importante que nós tenhamos momentos do dia em que possamos simplesmente escolher que atividades queremos focar, ainda que não estejam agendadas. Gosto muito de, em uma terça-feira à tarde, por exemplo, dedicar um tempo para montar o planejamento de um projeto cujas ideias estejam transbordando da minha mente. Quero poder aproveitar esses momentos de inspiração na minha rotina de maneira que me deixe mais satisfeita.

O segredo para um dia a dia tranquilo é procurar deixar algumas horas livres, ao longo de um dia de trabalho, para abrigar os imprevistos e as atividades espontâneas. A quantidade de horas que cada um vai deixar depende do tipo de trabalho de cada pessoa, essencialmente. Se você costuma ser interrompido muitas vezes ao longo de um dia, talvez precise deixar um tempo maior. Não estou dizendo para deixar um período inteiro livre (apesar de que, como comentei na técnica anterior, isso funcione muito bem), mas você pode deixar espaços maiores entre os seus compromissos.

Por exemplo, se tiver uma reunião de manhã, que acabará na hora do almoço, tente não agendar outra reunião à tarde logo na volta do almoço. Deixe um espaço de tempo maior, porque você pode precisar resolver algumas pendências nesse intervalo. Isso fará com que tenha um cotidiano menos corrido.

A TÉCNICA DOS ARTISTAS

Gosto muito de ler sobre as rotinas das pessoas de modo geral em todas as épocas da humanidade, e em todas as profissões. Lendo sobre rotinas de artistas, que em teoria são pessoas que não têm uma rotina fixa, aprendi que eles mesmos construíram uma rotina para o seu dia a dia, e como essa estrutura pode ajudá-los a desenvolver ideias e, ao mesmo tempo, manter no lugar o que precisa ser mantido. Com base nessas pesquisas, desenvolvi uma ideia de rotina que costuma se aplicar a muitos "trabalhadores do conhecimento" hoje em dia, que trago aqui para você aplicar também, se achar que pode funcionar em sua vida.

A ideia é usar cada meio período do dia (manhã, tarde e noite) para focar um tipo específico de atividade. Não se trata de nada muito rigoroso – é apenas uma orientação. Minha sugestão é usar cada meio período da seguinte forma:

- Manhã: sua arte
- Tarde: correspondências
- Noite: estudo

Você pode usar o período da manhã para trabalhar nos seus grandes projetos em andamento, realizar atividades prioritárias, que precisam ser feitas quanto antes naquele dia, e que lhe darão a sensação de que o tempo foi bem aproveitado e o dia, produtivo. No meu caso, por exemplo, escrevi este livro no período da manhã. Consegui me organizar para fazer isso pela manhã porque, quando chego no período da tarde, meu dia "já está pago", digamos assim. Sei que consegui trabalhar em algo que era prioridade. Além disso, pela manhã minha mente está mais descansada, e por isso consigo focar com mais tranquilidade.

Na parte da tarde, cuido essencialmente das correspondências, que nada mais é do que um nome mais romântico que gosto de dar para e-mails, mensagens e outros contatos do tipo. Verifico tudo o que preciso verificar e respondo a todos que precisam ser respondidos naquele mesmo dia, além de direcionar o que levará mais tempo para o momento mais apropriado para mim.

O período da noite, sempre que possível, deve ser dedicado ao estudo pessoal. Aqui entram leituras de livros, artigos, estudar idiomas, enfim, esse tipo de atividade.

Veja, não se trata de obrigatoriamente usar a manhã inteira para as prioridades, a tarde inteira para as correspondências e a noite inteira para os estudos. Trata-se apenas de uma orientação para ordenar o foco ao longo do dia. Pode acontecer de eu não ter tempo livre pela manhã para trabalhar em minhas prioridades, pois tenho reuniões agendadas. No entanto, considero isso exceções e também uma forma de ver como estou aproveitando (ou deixando de aproveitar) o meu tempo. Isso me ajuda a ter uma consciência melhor de como estou investindo meus recursos em diversos tipos de atividade e promover mudanças, se assim achar necessário.

Vale lembrar que a melhor maneira de definir o que fazer em cada período do dia depende muito dos seus horários de trabalho hoje e também do entendimento de como fica o seu nível de energia ao longo do dia. Se você prefere lidar com mensagens pela manhã, talvez seja melhor, para você, mudar um pouco a maneira que sugeri.

Que tal você tentar definir o foco de cada período do seu dia também?

Manhã	
Tarde	
Noite	

FOCO PARA CADA DIA DA SEMANA

Essa é uma das minhas técnicas preferidas para organização da rotina da semana. A ideia é atribuir a cada dia da semana um foco específico, que pode guiar o seu estado de espírito e também ajudar você a planejar atividades ao longo dos dias. Por exemplo:

Segunda-feira	Foco: Relacionamentos
Terça-feira	Foco: Ensino
Quarta-feira	Foco: *Deep work* (trabalho focado)
Quinta-feira	Foco: Administrativo
Sexta-feira	Foco: Conteúdo
Sábado	Foco: Vida doméstica
Domingo	Foco: Renovação do espírito

Na tabela anterior, mostro como organizo atualmente (durante o período da escrita deste livro) a minha semana. Vou explicar meu raciocínio e ensinar você a criar uma organização semelhante para a sua.

Reorganizo a semana de acordo com os tipos de compromisso que tenho, geralmente a cada semestre. Às quartas e às quintas-feiras, como tenho aulas durante um período do dia (mestrado), dedico os outros dois meios períodos a atividades que demandam menos tempo que as outras, porém precisam ser realizadas. Eu chamo de *deep work* aquele trabalho mais aprofundado, que envolve concentração, pesquisa e leitura. Na quinta-feira, deixo atividades administrativas, que posso resolver alocando blocos de tempo (explicarei no próximo tópico).

Como em meu trabalho hoje as reuniões costumam ser agendadas às segundas-feiras, resolvi dedicar esse dia a relacionamentos de maneira geral. Portanto, se eu quiser agendar um almoço com alguém, ou agendar reuniões diversas, esse é o melhor dia da semana para mim. É claro que procuro conciliar todas essas técnicas que estou ensinando neste capítulo; então, por exemplo, se eu tiver um jantar à noite e reuniões agendadas à tarde, procuro deixar a minha manhã livre para poder trabalhar em outras atividades.

Os dias que costumam ser mais livres para mim (sem compromissos recorrentes) são as terças e as sextas. Logo, minhas duas atividades principais (o ensino e a produção de conteúdo) ficam dedicadas a esses dois dias. Com isso, consigo planejar melhor como aproveitar esses períodos ao longo da semana para investir tempo nos diversos tipos de atividade que realizo.

Aos fins de semana, tenho duas dinâmicas. Quando estou em casa, aos sábados (muitas vezes, ministro cursos aos sábados), meu foco é a vida doméstica de maneira geral. Tudo o que disser respeito a esse tema entrará em meu foco aos sábados, desde uma pequena reforma até a organização de um jantar para amigos, por exemplo. Aos domingos, para mim funciona muito bem realizar apenas atividades calmas e inspiradoras, que tenham como foco efetivamente renovar o meu espírito para iniciar uma nova semana.

Para garantir que eu tenha o foco apropriado em cada um dos dias, desenvolvo checklists de atividades que verifico em cada dia da semana. Falarei mais sobre checklists nos capítulos seguintes.

Recomendo que você procure montar uma estrutura semanal com base em assuntos de foco para testar o planejamento de atividades ao longo da sua semana:

Segunda-feira	
Terça-feira	
Quarta-feira	
Quinta-feira	
Sexta-feira	
Sábado	
Domingo	

BLOCOS DE TEMPO

Por fim, uma técnica bastante conhecida quando se fala em produtividade é determinar blocos de tempo ao longo da semana para conseguir executar certos tipos de atividade.

Se você utilizar a técnica anterior, da organização dos dias da semana de acordo com o foco de cada um, e também estiver atento à distribuição das atividades ao longo dos três períodos do dia (referente a outras técnicas anteriores também), você poderá planejar blocos de tempo para executar atividades diversas.

Por exemplo, se tiver um dia inteiro livre (sem agendamentos) e quiser dedicar meio período para terminar um relatório, você pode planejar em sua agenda um bloco de tempo, no melhor período para você, no dia em que o foco seja apropriado (por exemplo, na quinta-feira de manhã). Isso poderá ajudá-lo a planejar tempo para aquela atividade e também garantir, de acordo com a natureza do seu trabalho, qual é o melhor dia para fazer aquilo.

Vejo as rotinas como algo que automatiza um pouco certos tipos de atividade e isso me permite ficar livre para escolhas espontâneas no restante do tempo. Quando preciso viajar, por exemplo, manter essas rotinas me ajuda a ter um "norte" mesmo em dias mais cheios de compromissos. Não "sinto" tanto a mudança, o que é ótimo. O que tenho de fazer todos os dias, todas as semanas, levo comigo para todos os lugares, e isso me ajuda muito.

Dica: agrupe tarefas similares

Muitas pessoas precisam fazer pequenas atividades ao longo do dia, da semana e do mês que, se feitas separadamente, tomam um tempo absurdo. Responder e-mails, gerar relatórios, contabilizar pedidos, enfim, cada pessoa certamente tem a sua lista de coisas a fazer que envolvem um trabalho mais mecânico.

A recomendação que trago é que você agrupe tarefas similares e as faça em "blocos". Como assim?

No caso dos e-mails, por exemplo. Em vez de trabalhar o dia todo com sua caixa de e-mails aberta, organize pequenos blocos ao longo do dia para responder a todos de uma vez. Se, do contrário, você parar toda hora para responder a um ou dois e-mails, além de estressar a mente, vai ter a impressão de que os e-mails nunca acabam.

Algumas pessoas que conheço gostam até de bloquear um tempo nas suas agendas para fazer essas atividades, para se lembrar. Fica a seu critério. Organize como funcionar melhor para você.

Essa técnica de produtividade ajuda pessoas no mundo inteiro a economizar mais tempo e executar tarefas de rotina ou burocráticas com mais rapidez. Espero que ajude você também.

A importância do planejamento semanal

Como você leu no capítulo sobre planejamento, planejar é importante. Fazer o planejamento da semana, então, é um dos mais importantes, justamente porque a semana é um período de tempo que conseguimos visualizar e "manusear" melhor. Conseguimos pegar todo o planejamento macro, para o ano, para o semestre ou trimestre, e condensar em metas que queremos alcançar naqueles sete dias. É mais fácil para fazer ajustes de prazo e de atividades. Falamos com frequência: "tenho de fazer isso nesta semana".

Por isso o planejamento da semana é tão fundamental. É por meio dele que podemos ir plantando e colhendo os resultados do nosso trabalho, como se o ano fosse dividido em 52 blocos de tempo em que nos dedicamos a fazer tudo acontecer.

Estou lembrando você desse planejamento novamente porque, se você ainda não definiu um momento da sua semana para fazê-lo, esta é a hora. Escolha um dia e horário em que acredite ter menos chances de ser interrompido(a) e marque em sua agenda um compromisso com recorrência semanal. Se não conseguiu fazer no horário planejado, não tem problema. Não se cobre. Reajuste e faça o planejamento assim que puder, e programe-se melhor da próxima vez.

Quanto mais ocupado(a) e reativo(a) você sente que está, certamente mais o planejamento semanal pode lhe ajudar. Por isso, não o subestime. Ele é essencial para o seu trabalho.

Checklists

Checklists são listas de verificação que servem para tornar o automático bem-feito ou nos lembrarmos de itens que precisamos fazer ou uma lista que precisamos revisar para não ter de ficar forçando a mente a planejar algo pela segunda, terceira ou quarta vez.

Por exemplo, uma checklist de viagem pode conter tudo aquilo que você precisa verificar antes de ir viajar ou tudo aquilo que você precisa levar. Como você já viajou pelo menos uma vez, tem uma ideia do que precisa ser feito e do que precisa levar.

As checklists são essenciais para dar apoio aos diversos planejamentos que você venha a fazer. Veja alguns exemplos:

- Checklist para planejar a semana
- Checklist para planejar o mês
- Checklist para planejar o ano

- Checklist para planejar uma viagem
- Checklist de volta às aulas
- Checklist para planejar uma festa de aniversário
- Checklist para planejar o trimestre
- Checklist para planejar um casamento
- Checklist para organizar um evento no trabalho
- Checklist para realizar uma palestra
- Checklist para gravar vídeos para o YouTube

Toda vez que algo pode ser feito pela segunda vez (ou mais vezes), você pode criar uma checklist de apoio. Tente buscar em sua rotina situações que se repetem e certamente você encontrará ideias de checklists. Por exemplo: quando você vai verificar a lição do seu filho, em que tópicos gostaria de sempre prestar atenção? Você pode ter uma checklist para isso. Nossa, os usos são infinitos, porém, a criação delas é totalmente personalizada. Você pode concluir que seria legal ter uma checklist para a sua rotina matinal, por exemplo. Então essa checklist vai conter os itens que você, em seu esforço de analisar sua rotina, considera essenciais para serem feitos ou levados em consideração ao acordar e se preparar para sair.

Sobretudo para projetos recorrentes, as checklists são muito úteis. Alguns exemplos de projetos recorrentes em que você pode ter checklists:

- Organizar uma viagem
- Organizar as festas de final de ano, comprar presentes etc.
- Declarar o Imposto de Renda
- Planejar as finanças de início de ano
- Concluir check-up médico anual
- Organizar a volta às aulas
- Organizar uma festa de aniversário

Não há motivos para desperdiçar um planejamento que você tenha feito uma vez, com tanto cuidado, para determinado

projeto. Você pode aproveitar esse mesmo planejamento futuramente. Toda vez que identificar algo assim, crie uma checklist e
salve em seu arquivo de referência.

PENDÊNCIAS DA SEMANA

Esta é uma sugestão simples e rápida: criar uma checklist
com possíveis pendências da semana. Trata-se de uma lista para
você verificar um dia antes do término da semana (por exemplo,
se seu último dia de trabalho durante a semana é a sexta, você
verificará na quinta) com todos os itens que geralmente você já
faz no "piloto automático" ao longo desse período, mas pode
querer verificar para garantir que não tenha esquecido nada.

A sugestão é que você insira um lembrete em sua agenda
para verificar essa lista toda semana, mais ou menos assim:

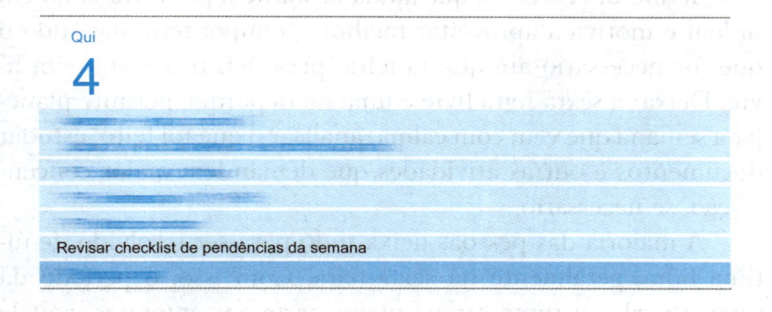

Revisar checklist de pendências da semana

Para que o lembrete apareça nesse formato, acima dos horários da sua agenda eletrônica, basta que você o marque como
compromisso de "dia inteiro" ao criar o evento na agenda.

Então, em seu programa de organização de tarefas e listas,
você pode criar uma lista com as pendências que gostaria de
verificar. Que pendências serão essas é algo muito particular.
Compartilho aqui como faço a minha lista:

- Verificar documentação pendente de aulas
- Gerar notas fiscais

- Gerenciar as contas da semana
- Verificar agendamentos e convites para a semana que vem

São os poucos itens que considero essencial revisar às quintas-feiras. No geral, todos já foram feitos ao longo da semana, e essa é a ideia de uma checklist – são listas de verificação que você confere para garantir que o que costuma fazer no piloto automático foi realmente feito. No entanto, caso exista algo pendente, programo para fazer antes de a semana acabar. É um truque muito útil, simples, mas que tem grande impacto na minha rotina.

ENCERRANDO UMA SEMANA DE TRABALHO NA QUINTA-FEIRA (OU UM DIA ANTES DO SEU ÚLTIMO DIA DE TRABALHO NA SEMANA)

Tenho uma técnica que ajuda bastante a pôr o trabalho em ordem e motiva a aproveitar melhor o tempo: terminar tudo o que for necessário até quinta-feira, para deixar a sexta-feira livre. Deixar a sexta-feira livre é uma meta porque permite planejar a semana que vem com calma, analisar o que foi feito, estudar documentos e outras atividades que demandem maior concentração, se necessário.

A maioria das pessoas deixa tudo para ser resolvido de última hora, geralmente na sexta-feira. Com isso, o período da sexta à tarde costuma ser, na maior parte das empresas, aquele em que acontecem muitas interrupções. Se isso for frequente no seu trabalho, essa técnica pode funcionar para você. Seguem então algumas dicas para colocá-la em prática.

Seja criterioso(a) com a sua agenda

Nada de ficar enchendo sua agenda para a semana de compromissos e prazos que você gostaria que acontecessem. Insira apenas os prazos reais. Para reuniões, procure não agendar nada às sextas-feiras. Se alguém quiser marcar uma reunião na sexta com você, sugira outra data antes, em outro dia. Procure também não agendar mais de 50% de qualquer dia da semana com reuniões, para não se sobrecarregar.

Despache tudo na segunda-feira

Tudo o que você tiver de solicitar a outras pessoas, faça-o na segunda-feira. Tenha uma lista de tudo o que você pediu para outras pessoas fazerem e desde quando (a lista pode se chamar "Aguardando"). Na quinta-feira, revise a lista e veja se precisa cobrar alguém antes de a semana acabar. Se tiver, faça isso.

Defina pequenas metas para a sua semana

Na verdade, não é que você vai definir, exatamente. É provável que você já tenha suas prioridades e precise apenas ficar ainda mais consciente delas. Veja os prazos na sua agenda para a semana e siga-os religiosamente. Essa deve ser a sua meta. Relatório para terça? Prioridade total. Entrega da primeira fase do projeto na quinta? Outra prioridade. Esses prazos devem ser suas metas. Além disso, pode ser que você queira iniciar um projeto importante ou ter uma conversa que vai impactar seu trabalho. Pode ser uma boa (se você já não estiver com muita coisa para fazer) agendar para fazer isso ao longo da semana. Antes de sexta-feira.

Aqui você também vai deixar claro tudo aquilo que não precisa ser feito nessa semana. Lide bem com isso. Você pode ter uma lista chamada "se der tempo, gostaria de..." para acessar caso termine tudo antes. O que quero dizer é que você não precisa trabalhar nessa lista antes de concluir os prazos e as prioridades reais da semana.

Finalize as pendências da semana na quinta-feira

Se possível, procure deixar a quinta para resolver todas as pendências da semana. Aquelas pequenas atividades que você precisa resolver, como digitalizar um comprovante para enviar para o RH, responder a um e-mail importante da diretora e outros afazeres do tipo. Se tiver um dia da semana em que você precisa trabalhar "mais", digamos assim, faça da quinta esse dia.

Zere a sua caixa de e-mails

Outra atividade para fazer na quinta é zerar as anotações e os e-mails da sua caixa de entrada. Pegue seus cadernos de reunião, notas, e processe tudo para ver o que precisa ser feito.

O QUE FAZER NA SEXTA-FEIRA?

Revise seus afazeres e suas responsabilidades

Se possível, chegue um pouco mais cedo ao trabalho para fazer uma revisão do que foi feito ao longo da semana, se há algo ainda pendente e quais são os prazos da semana seguinte para se programar. Veja se consegue reorganizar alguns compromissos, de modo que eles fiquem mais bem distribuídos e seus dias, mais tranquilos. Revise suas listas de coisas a fazer e seus projetos em andamento. Verifique se todos eles têm pelo menos uma próxima ação definida. A ideia é que, ao longo da semana, você possa acessar essa lista de ações e ir movendo adiante diversos projetos ao mesmo tempo. Se quiser, olhe também outras listas de resultados que você tenha, como objetivos de curto a longo prazos. Pode ser legal para dar perspectiva. Essa revisão deve levar cerca de uma hora. É uma reunião sua consigo mesmo(a).

Esteja disponível

Sexta-feira costuma ser o dia mundial de resolver pendências antes de o fim de semana chegar. Por isso, esteja disponível. Se seu chefe o(a) chamar na sala dele, não vá contrariado(a). Se alguém quiser chamá-lo(a) para uma conversa, vá numa boa. A organização facilita muito a comunicação. Uma boa ideia para fazer na sexta é organizar listas de assuntos a tratar com as diversas pessoas no seu trabalho. Assim, quando alguém estiver com você, você pode acessar a lista e resolver diversos assuntos.

Essa lista pode ser organizada no mesmo aplicativo que você utiliza para gerenciar tarefas.

Exerça atividades mais calmas e concentradas

Se o dia estiver tranquilo e sem tantas interrupções (pode acontecer!), aproveite a sexta-feira para estudar. Leia artigos importantes para o seu trabalho, estude documentos de projetos, assista a videoaulas. Faça atividades que exijam concentração como um todo. Outra ideia é dar atenção ao planejamento de um projeto importante, fazer um brainstorm ou mapa mental.

Ao final do dia, dê uma última olhada na programação para a semana seguinte (que você fez de manhã) e vá para casa tranquilo(a).

O QUE FAZER ANTES DE ENCERRAR O EXPEDIENTE TODOS OS DIAS

Existem algumas atividades simples, que você pode fazer antes de encerrar seu dia de trabalho, que o deixarão não apenas com a mente tranquila e a sensação de controle, mas também com a garantia de que começará seu dia seguinte sem grandes preocupações.

Eis o que você pode fazer:

1 A primeira coisa deve ser estabelecer uma hora para o fim do expediente. Isso serve se você tem horário flexível, costuma trabalhar até mais tarde ou trabalha em casa.

2 Visualize como será sua noite pós-expediente para se sentir mais energizado(a).

3 Analise o que fez durante o dia. Alcançou suas metas? Ficou algo pendente?

4 Veja sua agenda e a lista de ações para o dia seguinte. Visualize seu dia. Será tranquilo? Algo pode ficar para outro dia? Quais são as atividades mais importantes que devem ser focadas?

5 Capture algumas preocupações para lidar com elas no dia seguinte.

6 Ao desligar o computador, desligue-se do trabalho também.

Ritual matinal

Quando começo um novo dia de trabalho, gosto de executar algumas atividades que me coloquem em um modo mental apropriado para começar. Eis o que faço:

- Preparo uma xícara de chá ou café
- Escolho uma playlist musical apropriada para o modo mental em que quero trabalhar naquele momento (música clássica quando preciso me concentrar, por exemplo)
- Leio algumas notícias em jornais, apenas para entender o cenário do dia e ver se não aconteceu nada muito extraordinário que possa impactar o meu dia (faço isso desde que as torres gêmeas foram atacadas em setembro de 2001!)

Dessa maneira, começo minha rotina de trabalho apropriadamente e com um modelo mental que favorece o que quer que eu precise fazer a seguir.

Atividades diárias

Checklists não são listas de tarefas, mas listas de referência que contêm tudo aquilo que já fazemos automaticamente, no dia a dia, mas que queremos verificar para garantir que todas essas atividades estejam realmente sendo feitas com a qualidade que desejamos. Por isso, gosto de trabalhar com checklists em suas mais variadas frequências: diária, semanal, mensal etc.

A minha checklist diária contém tudo aquilo que costumo fazer no meu cotidiano para que meus dias corram da maneira como acredito ser a melhor para o bom andamento de todas as áreas da minha vida.

Minha checklist diária contém então os seguintes itens:

- Ao acordar
    - ⊙ Beber água com limão
    - ⊙ Meditar
    - ⊙ Tomar café da manhã
    - ⊙ Fazer a higiene pessoal
    - ⊙ Trocar de roupa e fazer maquiagem
- Para começar bem um dia de trabalho
    - ⊙ Tomar chá ou café
    - ⊙ Ler notícias
    - ⊙ Ouvir música
- Tarefas recorrentes
    - ⊙ Trabalhar nos prazos do dia
    - ⊙ Escrever
    - ⊙ Esvaziar as caixas de entrada
    - ⊙ Preparar o dia seguinte

A ideia dessa lista é verificá-la todos os dias para garantir que tudo aquilo que faço no piloto automático seja feito de fato. Às vezes, pode acontecer de eu esquecer de alguma dessas etapas, então revisar a lista me ajuda a lembrar de executá-las. Por isso, considero um recurso muito útil e que pode ser elaborado não apenas para o dia a dia, mas também para revisar semanalmente, mensalmente etc.

Como relaxar ao final de um longo dia

Como encerrar o dia? O que fazer para desligar a mente do trabalho, especialmente quando se trabalha em casa (mas até para quem trabalha fora) e conseguir descansar um pouco?

É claro que deixar as coisas minimamente organizadas ao fim de um expediente ajuda você a ficar tranquilo(a). De qualquer forma, porém, para conseguir relaxar, recomendo as seguintes atividades:

- Troque de roupa. Existe algum clique mental mágico em trocar de roupa quando você para de trabalhar, ainda que trabalhe em casa. Se você chega da rua, só o fato de tirar os sapatos já denuncia: ufa, estou em casa. E trocar de roupa o deixa em um estado caseiro diferente, pronto(a) para deixar o trabalho para trás e cuidar de outras coisas. Portanto, troque de roupa e vista algo mais confortável, para relaxar mesmo.

- Crie um clima. Você pode estar sozinho(a) ou com outras pessoas, mas mantenha o astral legal, porém calmo. Tente evitar a agitação. Coloque uma música de fundo (pode ser até no celular). Eu sugiro jazz, bossa nova ou até folk e soft rock. Coloque uma música gostosa de fundo, curta, feche os olhos, cante e dance junto.

- Pegue uma bebida. Pode ser o seu suco preferido, uma taça de vinho, um chá, um copo de iogurte – não importa. Pegue algo para beber. Existe algo relaxante no fato de você colocar uma bebida no copo, encostar no móvel da cozinha e parar para pensar na vida, calmamente, enquanto bebe e ouve a música, sem fazer mais nada. Se estiver com a sua família, conversem sobre como foi o dia de vocês.

- Agradeça mentalmente por esse momento.

Aqui, parênteses: Sei que você tem bastante coisa para fazer em casa. Todo mundo tem. Estou sugerindo que você pegue mais leve e vá mais devagar durante alguns minutos quando chegar em casa (ou parar de trabalhar, se trabalhar em casa) antes de começar a correria novamente, apenas para relaxar um pouco.

Relaxou? Foi mais devagar? Conseguiu respirar um pouco? Agora é hora de começar a fazer suas tarefas em casa, do jantar às roupas para lavar, a arrumação diária e todo o restante que sabemos que faz parte. Pelo menos, porém, você conseguiu inserir uns minutinhos de mente plena e significado ali entre uma coisa e outra, e não saiu atropelando o próprio tempo.

TORNANDO AS SEGUNDAS-FEIRAS MAIS LEGAIS

As pessoas em geral não gostam das segundas-feiras; sei que existe esse sentimento por vários motivos. No entanto, independentemente deles, há uma série de providências que você pode tomar para facilitar as suas segundas. Vamos conhecê-las?

Durma cedo no domingo

Se você precisa acordar cedo na segunda, melhor que esteja descansado(a). Por isso, descanse. Tenha uma noite de domingo tranquila, não durma tão tarde. Acerte seu relógio para conseguir dormir a quantidade de horas necessária para ficar bem e vá para a cama meia hora antes disso, para dar ao seu corpo tempo de relaxar para conseguir pegar no sono mais facilmente.

Separe suas coisas antes

Deixe sua bolsa, sua pasta e o que mais for precisar na segunda-feira organizados antes de sair para não ter de fazer as coisas com pressa. Verifique a previsão do tempo e deixe sua roupa também separada. Se você mora em uma cidade com grande variação de temperatura, use roupas em camadas. Deixe sempre um guarda-chuva de prontidão para usar ao longo da semana e não ser pego(a) de surpresa.

Procure não agendar reuniões de manhã

O trânsito, o ânimo das pessoas e a uma série de variáveis podem influenciar nas segundas-feiras de manhã. Por isso, se for possível, não agende reuniões para esse período.

Veja o cenário geral para a semana

Pode ajudar dar uma olhada em todos os seus compromissos ao longo da semana e se há alguma providência que você possa antecipar.

Pegue leve com seus e-mails

Nada de passar o dia inteiro respondendo a e-mails. Foque atividades importantes e processe seus e-mails nos intervalos.

Procure trabalhar nas últimas pendências e enviar os e-mails mais críticos. Deixe para responder depois aos não tão urgentes.

Pegue leve com tudo, na verdade

A segunda-feira é só o primeiro dia da semana. Você não precisa resolver tudo nesse dia. Veja o que de fato precisa ser feito na segunda (geralmente as pendências da semana anterior) e distribua o restante para os outros dias da semana.

Anote as coisas

Lide com interrupções, reuniões e telefones tocando de maneira inteligente: anote. Quando não anota as coisas e tenta guardar tudo na sua cabeça, você se estressa e chega muito cansado ao final do dia.

Faça uma revisão do seu trabalho antes de o dia acabar

Uma hora antes do fim do seu expediente, revise o que foi feito, o que não dará tempo de fazer e que deverá ser "repriorizado" para os próximos dias. Responda aos e-mails mais urgentes e vá para casa com a consciência mais tranquila. Amanhã é um novo dia.

ACORDAR MAIS CEDO PARA QUÊ? OU: COISAS PARA FAZER DE MANHÃ

Acho que uma das dicas de produtividade mais recomendadas de todos os tempos é "acordar cedo" para "aproveitar mais o dia" e conseguir fazer mais coisas. Acordar cedo também proporciona momentos de silêncio e uma bem-vinda solidão, quando conseguimos focar determinadas atividades que possamos estar precisando focar. Mas qual o segredo para acordar cedo? Como mudar sua natureza se você pensa que é aquela pessoa notívaga que prefere dormir tarde (mas acorda cedo, supercansada)?

Acredito que tudo na vida deva ter um propósito. Acordar cedo apenas para acordar dá desânimo só de pensar. Quando

estamos no verão é até gostoso... porque bem cedo já está ama-
nhecendo e o clima, calorento. Já no inverno, sobretudo em locais em que ele é muito rigoroso, as pessoas podem ter uma
dificuldade a mais. No entanto, creio que todas elas são superadas quando temos um PORQUÊ por trás de tudo. Afinal, para
que acordar cedo? O que vamos fazer?

Isso é muito pessoal, é claro, mas tenho algumas sugestões:

- Escrever
- Ler
- Estudar
- Planejar a semana
- Meditar
- Tomar um banho
- Fazer uma atividade física
- Ir viajar
- Evitar o trânsito e chegar mais cedo ao trabalho
- Olhar o nascer do sol
- Preparar com calma o café da manhã da família
- Costurar
- Praticar algum hobby

Ou seja, penso que o segredo para conseguir acordar cedo
seja ter uma boa razão para fazer isso. Encontre a sua! Para
mim, funciona saber que terei algumas horas silenciosas para
planejar as minhas atividades e escrever, aproveitando a minha criatividade.

Renovação diária

Durante muitos anos, acreditei que fosse uma pessoa notívaga e que tinha mais criatividade durante a noite. Com o passar do tempo, descobri que eu conseguia ser mais criativa à noite
apenas porque era um momento em que sofria menos interrupções. Quando passei a buscar, diariamente, mais momentos

como esse, minha criatividade não ficou dependente do horário, mas das condições que eu mesma criava.

Com isso, passei a ver o período da noite como um período de renovação diária. Dormir oito horas toda noite (minha quantidade ideal de horas de sono) passou a ser prioridade. Quando não durmo essa quantidade de horas ou durmo mal, meu dia seguinte acaba antes mesmo de começar. Simplesmente preciso dessas horas de sono para me sentir produtiva e inspirada no dia seguinte. Por isso, elas se tornaram uma das minhas prioridades.

Não é fácil manter uma rotina saudável de sono quando você precisa estudar textos para algum curso que esteja fazendo, cuidar da rotina em casa com filhos, receber convites para sair com os amigos ou simplesmente quando tem vontade de aproveitar o período da noite para fazer aquilo que não conseguiu fazer durante o dia. Contudo, essa consistência com o sono me mostrou sua importância em todas as outras horas do meu dia a dia e, mais do que isso, o que conseguia conquistar ao longo da minha semana. Ter os benefícios claros em minha mente é o que me traz a motivação para manter a rotina de sono funcionando.

Da mesma maneira que preciso trabalhar ou empreender qualquer tipo de esforço, também preciso descansar. Vejo minhas noites de sono como a minha mais preciosa fonte de renovação diária, e isso me permite fazer o que quero sem me sentir exausta.

Como manter a rotina funcionando mesmo em situações diferentes (viagens a trabalho, por exemplo)

Minha vida hoje em dia é muito diferente do que era há alguns anos, quando eu tinha um emprego convencional de segunda a sexta. Mesmo em meu último emprego, eu costumava viajar bastante, então já lidava com esse tipo de configuração, mas agora as coisas estão bastante diferentes.

Para você entender o cenário: tenho quatro frentes de trabalho. A primeira é o meu trabalho com o Vida Organizada, a segunda é o meu trabalho com o método GTD (método de produtividade), a terceira é a administração da minha empresa (que envolve a liderança de pessoas) e, por fim, mas não menos importante, a minha vida acadêmica. Realizo muitos eventos – palestras, cursos, visitas a livrarias, reuniões – e viagens.

Junto a tudo isso, tenho a minha casa, meu filho (hoje com 8 anos, durante a escrita deste livro) e meu marido. Sei que, quando nosso filho for maior, ficarei mais tranquila para viajar e ele até poderá me acompanhar, se quiser; mas, por enquanto, não dá para eu me ausentar muito, então procuro reduzir a quantidade de viagens para tudo ficar numa boa.

Sempre viajei muito a trabalho. Acho que, por sempre termos uma rotina dinâmica assim, nosso filho nunca teve nenhum tipo de trauma ou chateação quando isso acontecia, porque sempre fez parte da nossa rotina.

Hoje, para mim, o principal é pensar em soluções que facilitem o máximo possível essas situações rotineiras. Se percebo que algo não está dando certo, já começo a pesquisar maneiras de facilitar aquela logística toda.

Outra coisa que é fundamental é manter a rotina quando estamos todos em casa. Manter as regras, tudo certinho. Isso traz segurança ao nosso filho, aprendi lá atrás, quando ele ainda era bebê. Temos muita coisa para melhorar aqui ainda, mas estamos evoluindo todos os dias, e é isso o que importa.

Penso que o principal, de tudo, seja não ter medo da mudança. A vida é dinâmica e, se algo não está legal, a gente precisa colocar as engrenagens para funcionar e mudar sem medo, sem neuras, sem esperar a situação se complicar ainda mais.

É claro que ser uma pessoa organizada ajuda em tudo também. Planejar a semana, organizar as viagens, ter a malinha sempre pronta com os produtos reabastecidos, colocar as roupas para lavar assim que chego e outras coisas facilitam demais a vida.

Ter uma equipe de suporte, do meu marido à nossa família, é fundamental, mas quem não tem isso pode buscar alternativas. Tendo um objetivo, a gente precisa se virar para chegar lá, e cada um tem os seus.

Também ajuda deixar de perder tempo com o que não tem sentido e aproveitar ao máximo o tempo que estou em casa, com a minha família. Estar de fato presente, e não mexendo no celular enquanto estamos juntos.

Penso que todas as mulheres que tenham um trabalho assim acabem passando por essas reflexões, então escrever sobre isso aqui é uma forma de registrar como tem sido essa construção para mim. Espero que de algum modo ajude quem estiver passando por algo parecido ou, mesmo que não esteja, inspire a se organizar mais de qualquer maneira.

Em viagens, procuro manter o que ensino neste capítulo sobre a rotina, especialmente as técnicas de 2×1 e a técnica dos artistas, distribuindo as atividades de acordo com os períodos do dia. O planejamento semanal é essencial também. Algumas dicas suplementares:

- Concentre-se em conseguir fazer o mínimo necessário, o viável, para manter as coisas funcionando mesmo enquanto você estiver fora. Verifique aquilo que não pode deixar de ser feito mesmo com você viajando e faça ajustes no seu dia a dia para conseguir fazê-lo.
- Leve alguns materiais com você. Aproveito muito os meus tempos de deslocamento em viagens para ler, estudar e trabalhar em documentos ou revisões que demandem maior concentração. Ao planejar a sua viagem, leve isso em consideração.

Dicas adicionais para quem trabalha em casa

Reuni dicas que, a meu ver, podem fazer toda a diferença quando a gente se organiza para trabalhar em modelo home-office.

1 Não é para todo mundo. Quando se tem que acordar às 6 da manhã de uma segunda-feira chuvosa para trabalhar, é comum pensar como seria maravilhoso trabalhar em casa. No entanto, fazer isso demanda muita disciplina, controlar os horários e ficar um pouco maluco por não encontrar com as pessoas – mesmo os chatos do escritório. Faz diferença não ver pessoas e ficar o tempo todo apenas conversando pela internet. Além do que, nem toda profissão é compatível com o modelo home-office, e não é porque a sua não é compatível que você vai largar tudo para viver de algo que ainda não sabe direito o que é.

2 Gerencie seus prazos com rigor. Tenha controle dos prazos, das entregas, antecipe projetos. Tenha um inventário de tudo o que precisa ser feito – estabeleça prioridades. Gerencie direito seus e-mails e suas mensagens.

3 Não "delargue". É muito comum, para quem trabalha em home-office, dar tanta autonomia às pessoas da equipe que o trabalho acaba ficando um pouco largado. Não seja essa pessoa! Não se trata de controlar e ser chato, mas de saber o que foi delegado a quem, quando cobrar, quando apoiar. A conversa olho no olho não vai existir todos os dias, mas você e sua equipe precisam se falar.

4 Utilize boas ferramentas. Não "economize" aqui. Vale a pena ter algo legal, confiável e com bastante recursos para gerenciar seu fluxo de trabalho.

5 Tire o home do office. Trabalhar em casa não é sinônimo de home-office. Encontre as pessoas em outros lugares, trabalhe na padaria, na cafeteria, na livraria. Alugue um espaço de coworking uma ou duas vezes por semana. Visite seu amigo no escritório. Você tem essa mobilidade!

Capítulo 6

Equilíbrio

Um bate-papo sobre pessoal × profissional, conciliar tarefas e falta de tempo para fazer tudo

Queria bater um papo com você sobre a questão da manutenção da casa, das rotinas e de tudo o que precisamos fazer com determinada frequência para não entrar no caos.

Recebo muitos e-mails de pessoas desesperadas (de verdade) que me perguntam como conciliar as tarefas domésticas com todo o resto: família, estudos, momentos de lazer, trabalho até mais tarde etc.

A primeira coisa que precisamos fazer é ter noção do nosso tempo. E isso se faz da seguinte forma: temos 24 horas no nosso dia. Se tivéssemos 30, gastaríamos as 30. Se tivéssemos 15 horas, daríamos um jeito. Esse "daríamos um jeito" é a chave, mas vou falar sobre isso daqui a pouco.

Dessas 24 horas, suponhamos que passemos 9 horas dedicadas ao trabalho (8 horas + 1 hora de almoço). Eu sei que tem gente que trabalha mais. Estou colocando uma média.

Também vou levar em consideração que todos nós dormimos 8 horas por noite. E sim, sei que há pessoas que dormem menos ou dormem mais. São apenas médias.

Com isso, sobram 7 horas para fazermos todo o restante. No entanto, é preciso incluir aí o tempo que se gasta em deslocamento todos os dias. Não só de ida e volta para o trabalho, mas de ida e volta ao mercado, à farmácia, ao shopping, ao restaurante, ao barzinho. Se colocarmos que levamos 2 horas todos os dias nos deslocando, teremos 5 horas do nosso dia para fazer TODO o resto, que inclui:

- Cuidar da casa
- Passar um tempo em família
- Praticar atividades de lazer: ver um filme, ler um livro
- Estudar, fazer um curso
- Frequentar a igreja, o centro, fazer práticas religiosas em casa, meditar
- Fazer algum tipo de trabalho voluntário
- Descansar, olhar o céu, ficar com as pernas para cima
- Atualizar planilha de finanças, pagar contas, ir ao banco, e por aí vai...

Não dá para conciliarmos pessoal × profissional porque a divisão não é essa. A divisão é entre áreas diversas da vida e nossas responsabilidades, e trabalho é apenas uma área da vida. O "pessoal", por assim dizer, é dividido em família, casa, finanças, estudos, espiritualidade, saúde, lazer...

Com isso, podemos tirar duas conclusões:

1 Temos tempo mais do que o suficiente para fazer as coisas do trabalho. Não há tem motivo para ficarmos até mais tarde, levarmos trabalho para casa, esquecermos a vida lá fora e nos estressarmos com a quantidade de demanda.

2 Temos muito pouco tempo para todo o resto. Se não diminuirmos as expectativas e se não nos organizarmos minimamente, jamais conseguiremos fazer o que é importante mesmo. E aí acabaremos tirando tempo do sono, fazendo tarefas pessoais durante o trabalho, e por aí vai. Gera-se um desequilíbrio. Precisamos nos organizar para isso não acontecer mais.

Cuidar da casa é apenas uma das coisas que precisamos fazer, igualmente. Portanto, é legal termos essa visão macro da vida e parar de focar microproblemas – que é o que fazemos mesmo! É legal fazer essa análise de todas as áreas de foco da sua vida para ver qual está em desequilíbrio – seja porque você está se dedicando muito, seja porque está se dedicando pouco.

E aí você pode perceber que, apesar de toda a preocupação, você está dedicando um tempão da sua vida à sua casa, deixando faltar tempo para o lazer, para seu descanso, para seu tempo com a família, para ter algum hobby que o deixe feliz ou mesmo investir em projetos importantes que trarão resultados lá na frente, como começar um curso.

Sabe o que acontece quando queremos fazer tudo ao mesmo tempo? Primeiro, não conseguimos. Segundo, por não conseguirmos, ficamos frustrados e desanimados, achando que a vida está passando. E está mesmo! Então devemos aprender a valorizar as coisas certas e parar de valorizar aquilo que não tem tanta importância assim.

Quando um leitor me escreve perguntando o que fazer porque sai de casa às 6 da manhã e volta só depois da meia-noite e não tem tempo para limpar a casa, fazer comida e estudar, tenho vontade de responder que não existe milagre. Não dá para fazer tudo. Em primeiro lugar, devemos ter noção do que é transitório (como, por exemplo, os anos dedicados a uma faculdade). Em segundo, diminuir as expectativas. Se não dá tempo, não dá tempo. Simples assim. Então, o que é essencial? Isso eu vou fazer.

Para descobrir o que é essencial, gosto de usar uma coisa que aprendi na faculdade de Publicidade, que é a Pirâmide de Maslow. Já ouviu falar dela? É uma pirâmide que mostra as necessidades humanas. Veja:

A base da pirâmide (e da nossa vida) são as nossas necessidades básicas: respirar, comer, beber água, fazer sexo, dormir, equilibrar o organismo, usar o banheiro. Essas são as nossas necessidades mais rudimentares, primitivas. Se devemos começar organizando por algum lugar, deve ser por aqui. Como?

- Vivendo sem ansiedade, controlando o que for possível, para conseguir respirar direito. Abrir as janelas, tomar ar puro, talvez até meditar com foco na respiração. Lembrar de sempre respirar direito.
- Alimentando-se corretamente, de maneira funcional para cada um, de acordo com o que é considerado saudável. Cuidar da alimentação da família.
- Bebendo água ao longo do dia, para se manter hidratado (não só o corpo como o cérebro). Garantir que haja sempre água para todos.
- Fazendo sexo, nem que seja sozinho!
- Dormindo bem, conhecendo a necessidade de horas de sono que você tem e respeitando o ritmo do seu corpo.
- Aprendendo como funciona o seu metabolismo.
- Regulando o seu corpo para conseguir fazer tudo isso sem impactá-lo tanto.

Enquanto isso não estiver organizado, não adianta querer organizar o resto. Ou seja: se você não se alimenta bem, não tem tempo para beber água, não dorme direito etc., como pretende sequer pensar em organizar tarefas? Em casos extremos de falta de tempo, essas necessidades básicas devem ser privilegiadas.

Só depois disso você começa a pensar na segurança do seu corpo, em se manter estável no trabalho, em garantir estabilidade financeira, moral, da família, da saúde e da sua casa.

Se for para priorizar atividades domésticas nesse meio todo, foque aquelas que proporcionem o que as necessidades básicas pedem: abra as janelas, deixe o ar entrar, cuide da comida, da água, dos seus relacionamentos, arrume sua cama (e troque os lençóis!), limpe os banheiros. O básico também.

O que estou querendo dizer é que não adianta se preocupar em passar cera no piso laminado se você não limpou a sua pia da cozinha. Em curtas palavras, é isso. Questão de prioridade, e a prioridade deve começar atendendo às necessidades básicas. O resto vem depois, em uma hierarquia.

Pense nisso antes de surtar porque não consegue fazer tudo, ok?

As áreas da sua vida

Todos nós, como indivíduos, temos diversas áreas em nossa vida. O que pode ajudar a alcançar o equilíbrio é fazer a revisão dessas diferentes áreas com certa frequência (por exemplo: mensalmente) para verificar se alguma área está demandando mais atenção que as outras, ou se você tem negligenciado alguma delas.

As principais áreas da vida são:

- Saúde
- Família
- Relacionamentos
- Finanças
- Casa
- Estudos
- Carreira
- Espiritualidade
- Lazer
- Trabalho

Quais são as áreas da sua vida que estão precisando mais da sua atenção neste momento?

O que você pretende fazer, ainda neste ano, para deixar de se preocupar com elas?

Suas responsabilidades no trabalho

Definir o seu trabalho é uma das coisas que mais fazem diferença em termos de produtividade. Se você não tiver seu trabalho definido, ficará muito mais fácil dizer sim para tudo e para todos e se sobrecarregar. Aliás, é fato: toda pessoa sobrecarregada não sabe de verdade qual é o seu trabalho. Provavelmente não tem todo o inventário de coisas que precisa completar e entregar em curto prazo, não tem ideia dos seus compromissos nem das suas responsabilidades. Uma vez que você defina seu trabalho, você consegue analisar cada uma dessas definições e se perguntar: está tudo certo por aqui? Isso me lembra algo? Quando analiso essa área e penso em sua estabilidade, o que preciso fazer para alcançá-la?

E essa é uma análise fundamental, porque mudamos o tempo todo. Aprendemos coisas novas, evoluímos, queremos fazer coisas diferentes. Quando você é promovido ou muda de emprego, por exemplo, fatalmente precisa fazer uma nova análise das suas áreas de foco, pois tem muita coisa para pôr em ordem nos meses seguintes.

Recomendo que você comece definindo quais são as suas principais áreas de atuação profissional hoje. Se você for professor universitário, por exemplo, suas áreas provavelmente serão parecidas com: aulas, formação profissional, vida acadêmica, grupo de pesquisa, entre outras.

Depois de listar as áreas principais, você pode acrescentar em um segundo nível as grandes responsabilidades dentro de cada uma delas.

Certamente você tem muitas responsabilidades em cada uma das suas áreas de atuação. No entanto, se não fizer essa descrição, provavelmente não saberá dizer quantas.

Em geral, um segundo nível de detalhamento basta. Você ainda pode ter um terceiro nível com detalhes, apenas para garantir que você não deixe nada escapar quando revisar todas as áreas.

Exemplo:

Professor universitário

- Aulas
  - Preparo
  - Materiais
- Pesquisas
  - Leituras
  - Grupo de pesquisa
  - Áreas de pesquisa
    - Área 1
    - Área 2
    - Área 3
- Publicações
  - Anais de eventos
  - Artigos
- Orientações
- Alunos
- Avaliações
  - Preparo
  - Correções

Quando lhe perguntarem o que você faz no trabalho, ficará até um pouco mais fácil responder se as áreas estiverem definidas.

> Liste abaixo suas principais responsabilidades hoje no trabalho.
>
> ------------------------------
>
> ------------------------------
>
> ------------------------------
>
> ------------------------------
>
> ------------------------------

Então, mensalmente, ou sempre que se sentir sobrecarregado(a), você poderá revisar essas áreas. Do que for sua responsabilidade, você tem que dar conta. O problema é que, se você identificar que tem mais responsabilidades do que pode abrigar, aí precisa tomar providências. As providências geralmente são delegar ou abandonar. Sempre se pergunte se você é a única pessoa que pode fazer aquilo. Em 80% dos casos, dá para delegar. Então essa é uma análise muito bacana, que permite ter mais foco naquilo que realmente precisa ser feito por você.

Aí vem a grande jogada da coisa toda: quando uma área não está estável ou tranquila, o que você precisa fazer para que esteja? Pode identificar projetos, por exemplo. Cada projeto terá pelo menos uma ação definida que poderá ser trabalhada no dia a dia, e assim você alcançará aos poucos o que pretende para cada uma das áreas da sua vida (pessoal e profissional).

Isso não deverá ser construído do dia para a noite, mas aos poucos, refletindo a sua vida como um todo. E, a cada análise (geralmente mensal), você pode tirar ou adicionar elementos novos, reescrever para deixar mais a ver com o que você é no momento (e mais dedutivo). É de fato um mapa da sua vida atual e, com esse mapa, você conseguirá pensar em todas as diversas facetas da sua vida com o carinho que elas merecem.

"Ah, mas isso é muito controle. Sou uma pessoa livre, criativa, não gosto de limites assim. Parece que você engessa tudo, não vive." Justamente por eu ser uma pessoa livre e criativa também faço isso. Porque, se eu não fizer, esses pequenos detalhes chatos, burocráticos e às vezes até enfadonhos da minha vida vão ficar tomando meu tempo e a energia que eu deveria dedicar às coisas realmente importantes para mim. Em contrapartida, ao fazer essa análise, garanto que não vou me esquecer de nenhuma dessas coisas importantes. Vou ter sempre oportunidade de refletir sobre minhas responsabilidades com relação ao meu filho, à educação dele, à minha saúde, à nossa casa e todas as outras áreas. Não se trata de limitação, mas de expansão.

É claro que, sem dúvida, é apenas uma escolha sobre o modo de viver a vida, que não é obrigatória de maneira nenhuma.

Como organizar o sono

Cheguei de fato a uma definição legal que, para mim, resolveu os problemas que sempre tive, que eram:

- Acordar cedo a semana inteira e dormir tarde, porque me sentia criativa à noite e não queria perder aquele tempo.
- Dormir até mais tarde nos fins de semana para recuperar o sono.

Desde que meu filho nasceu, há 8 anos, meu sono está bastante irregular. Logo, posso dizer que venho há 8 anos tentando organizar a minha rotina de sono, algo que apenas agora deu certo.

E o que fiz, por fim? Implementei uma recomendação que já era conhecida, mas achava que seria difícil de fazer, que é levantar todos os dias no mesmo horário. Parece simples demais? E é, mas veja que há algumas dicas com relação a isso.

Estabeleci que acordaria todos os dias às 8 horas da manhã. Era comum ficar até 2, 3 horas da madrugada trabalhando e depois acordar tarde e, no outro dia depois desse, ter um compromisso e precisar acordar cedo – assim, o sono ficava bagunçado. Não preciso dizer também que, por trabalhar em casa, dá vontade de acordar mais tarde, pela liberdade de horário. Existe também um fator MUITO importante, que é ter um filhote que acorda e precisa da minha atenção ao longo do dia, então fazer coisas enquanto ele está dormindo é um tempo fundamental a ser aproveitado. Quem é mãe sabe que não é tão fácil acordar antes de o filho acordar, que dá aquela vontade de ficar dormindo mais um pouco, mas isso é essencial.

Na prática, funciona assim: todos os dias, meu alarme está ajustado para as 8 horas da manhã. Ou seja: para eu dormir oito horas toda noite, o ideal é que às 23h30 eu já esteja na cama, para à meia-noite estar dormindo. Isso se eu quiser dormir 8 horas e ficar bem! E esse é o detalhe, ter disciplina. Porque, por exemplo, se eu for dormir às 2 horas da madrugada porque saí ou fiquei fazendo alguma coisa, tenho de acordar às 8 horas de qualquer maneira. Quero ficar sonolenta no dia seguinte? Não? Então preciso dormir minhas oito horas diárias. Se por acaso preciso dormir mais tarde, aguento somente mais o dia seguinte e, de noite, durmo cedo para descansar. Todos os dias, incluindo fins de semana, acordo no mesmo horário.

É claro que, algumas vezes, tenho compromissos em que preciso estar às 8 horas em algum lugar, ou às vezes até mais cedo. Então planejo: se vou precisar acordar às 5 horas, a que horas preciso dormir para ficar bem? E aí tento me adequar e adequar nossa agenda em casa, para conseguir descansar. Vou sempre dormindo mais cedo, se possível, para acertar os *gaps* de sono ao longo da semana.

A chave é acordar às 8 horas mesmo aos sábados e domingos. Não é fácil no começo, mas depois fica muito natural. Eu me transformei em uma daquelas pessoas que falam que não precisam de relógio, porque o corpo se acostuma a acordar em determinado horário. E tenho acordado bem, porque meu corpo se acostumou. No entanto, é um gerenciamento diário para garantir que meu corpo esteja descansado – e a mente também.

Aí acontece a grande mágica: sinto-me criativa em diversos momentos do meu dia, não só à noite, como eu achava. Assim como meu corpo se acostumou, minha mente também.

Você pode começar a tentar acostumar seu corpo, aos poucos, a ir acordando um pouco mais cedo, se você quiser mudar sua rotina dessa forma.

Algumas pessoas sugerem atividades para serem feitas pela manhã, como ir à academia ou meditar, mas o que realmente funciona para mim é ter muitas coisas para fazer e produzir e saber que, se eu não acordar cedo, não vou conseguir fazer tudo. Porque tenho o seguinte compromisso: não trabalho mais à noite. Fico com o meu filho até a hora de ele ir dormir e, depois, cuido de algumas coisas em casa ou faço atividades mais leves, como ler, ver um filme, tocar violão. Então sei que preciso aproveitar o meu dia. Essa é a minha motivação. Encontre a sua.

Como delegar atividades e fazer o acompanhamento

Uma das principais percepções que tive em minha vida foi entender que, se quisesse abrir espaço no meu dia para o que fosse prioridade para mim, precisaria começar a delegar. Basicamente, a orientação para delegar é: tudo aquilo que não precisa necessariamente ser feito por você, pode ser delegado. Ou seja: existem atividades que apenas você pode fazer, ou por competência ou por ter determinada habilidade ou permissão. Contudo, as atividades que você poderia delegar, que poderiam ser feitas por outras pessoas, deveriam ser delegadas.

Talvez você pense que não tenha a quem delegar no momento. Se for o seu caso, apenas a percepção de que essas atividades poderiam ser feitas por outra pessoa já pode ajudar a esclarecer quais são as prioridades. Você pode continuar executando-as enquanto não consegue delegá-las a ninguém, mas com a consciência de que não pode deixar de lado aquelas que só você pode fazer, mesmo que tivesse uma equipe enorme à qual delegar atividades. E você verá que, mesmo mantendo apenas o que considera prioridade, você pode se sobrecarregar. Ninguém consegue fazer tudo.

Veja a seguir uma lista de atividades que você não deveria estar fazendo:

- Ações que você demora para executar porque não sabe como fazer. Isso lhe toma tempo, preocupa e faz você demorar para concluir.
- Ações que você posterga porque acha chatas. Sente que não são seu escopo.
- Ações que tomam muito tempo do seu dia e não deixam espaço para as atividades mais importantes. Você trabalha o dia todo, mas sente que as coisas "não andam".

Aliás, um bom parâmetro para saber se é necessário delegar uma atividade a alguém é analisar quanto tempo você está levando para executá-la. Se você adicionou essa tarefa em sua lista há mais de uma semana e não teve a menor possibilidade de fazê-la, será que não vale mais a pena passar para outra pessoa que a realizará mais depressa? Muitas vezes, isso agiliza a execução da tarefa e ainda libera espaço no seu dia a dia.

Uma questão relevante é a sensação de sobrecarregar outras pessoas. Isso não vai acontecer se as pessoas (incluindo você) tiverem clareza acerca de suas responsabilidades.

Caso você não possa delegar a ninguém, vale a pena renegociar essas atividades com você mesmo(a) e com outras pessoas. Será que agora é realmente o momento de investir tempo nisso? Converse com outras pessoas envolvidas para explicar a situação e dividir a decisão.

E O QUE DEVERIA, MAS NÃO PODE SER DELEGADO?

Muitas vezes, algo que não pode ser delegado pode também ter a sua execução otimizada. Por exemplo, se você precisa fazer uma atividade recorrente e que considera chata, talvez valha mais a pena agrupar todas as atividades semelhantes e fazer em um único bloco de tempo ao longo da semana, em vez de executar um pouco diariamente.

Outra estratégia que funciona é executar essas tarefas ouvindo uma música de que você goste. Isso torna a atividade mais agradável e você se dá de presente ouvir uma música prazerosa.

Quando você começa a olhar para as suas atividades com foco em suas prioridades, você tem clareza para definir o que pode ser delegado e o que precisa ser feito obrigatoriamente por você. E, com aquilo que não pode ser delegado, você consegue distribuir melhor a execução apenas pela clareza do que não pode ser deixado de lado.

Sempre fui uma pessoa muito orgulhosa de fazer minhas próprias coisas. Não preciso de um marceneiro, porque gosto de mexer com madeira e pregos. Não preciso comprar pronto, pois sei fazer. Não preciso de um faxineiro, porque gosto de limpar a casa. Não preciso pagar uma costureira para fazer a barra da minha calça nova, pois eu mesma farei isso um dia. Entre tantas outras atividades.

Fazer tudo o que puder em casa é maravilhoso porque, além de desenvolver nossas habilidades, também é uma distração, sem falar na economia (afinal, deixamos de gastar nosso dinheiro). Entretanto, às vezes pode chegar um momento em que começamos a surtar com a quantidade de coisas para fazer. Se esse momento chegar, aconselho que você aprenda a delegar.

Delegar é passar a responsabilidade daquilo para outra pessoa, seja pessoal, seja profissionalmente.

Uma maneira de saber se vale a pena delegar atividades é calcular quanto vale a sua hora. Se você ganha 20 reais por hora e trabalha 8 horas por dia, isso equivale a 160 reais por dia.

Se você passa seu sábado inteiro fazendo faxina e isso está impactando outras atividades suas que são prioritárias, você pode considerar contratar uma diarista por 100 reais e ainda terá "economizado" 60 reais seus. Esse é um exemplo simples, mas que deixa claro o conselho.

Outro dia, um colega passou praticamente o dia inteiro resolvendo um problema com seu banco ao telefone. Perguntei se outra pessoa não poderia fazer aquilo para ele, e ele disse que "ninguém ia querer". Respondi: "É claro, de graça não, mas você tentou pagar alguém?". Ele ficou surpreso com a sugestão e me disse que não tinha dinheiro para pagar. Eu disse: "Oras, se você ganha 200 reais por dia de trabalho, na verdade você perdeu esse dinheiro, pois passou o dia todo ao telefone. Se tivesse pago 50 reais para alguém resolver esse problema para você, teria ajudado outra pessoa e seu dia teria sido produtivo, sem se estressar com um problema pequeno". Ele me disse que nunca havia pensado nisso antes. A gente não pensa mesmo.

É legal a gente fazer tudo. De verdade. Também sempre fui dessas, mas chega um momento na vida de alguns de nós em que certas atividades deixam de se tornar prazerosas para se tornarem grandes estorvos. E que percebemos que não dá para cuidarmos de tudo o que gostaríamos e da maneira que gostaríamos. Por isso algumas pessoas contratam empregados domésticos, secretários, assistentes, administradores e outras pessoas responsáveis por serviços específicos. Delegar faz parte da vida. O que não podemos é deixar de cuidar de assuntos realmente importantes para cuidar de algo trivial, que outra pessoa poderia estar fazendo. Sempre que for o caso, pode valer a pena delegar.

Uma leitora outro dia me escreveu dizendo que tem dois empregos e não consegue encontrar tempo para limpar a casa e ficar com os filhos. Disse a ela que, se o segundo emprego compensava, ela deveria ao menos investir em um faxineiro dentro de suas possibilidades. Ela disse que não gostava dessa ideia. Perguntei se ela preferia contratar uma babá, então. Ela respondeu:

"Jamais". "Então você já fez sua escolha", falei. "Se você não pode delegar o cuidado com os seus filhos, você precisa delegar a limpeza pesada da sua casa. Ou então simplesmente fazer as duas tarefas com menos expectativas e aceitar o cansaço."

Delegar tarefas e atividades é uma coisa boa. A gente pode não gostar de fazer isso porque se sente incompetente ("vão dizer que sou uma péssima dona de casa ou uma péssima profissional") ou porque acha um gasto desnecessário (faça as contas), mas delegar é uma forma de começar a empreender. Se você tem essa ideia profissional, pode ser um bom começo. Veja as pessoas às quais você delega atribuições como pessoas que você está contratando. Se você fosse presidente de uma grande empresa cujo nome é SEU NOME, realmente pensa que você cuidaria de tudo? Não, então encare como uma decisão normal. Não se cobre. Delegue e abra espaço na sua vida para o que realmente importa – nem que sejam mais horas de lazer e descanso. Às vezes, isso é tão indispensável quanto todo o restante.

Como fazer o acompanhamento das atividades delegadas

O que aprendi com o método GTD é ter uma lista chamada "Aguardando" onde armazeno tudo aquilo que deleguei ou que estou aguardando retorno de outras pessoas.

O controle é bastante simples. Insiro o nome da pessoa, o que estou aguardando e desde quando. Reviso essa lista semanalmente, mas, se algo precisar ser lembrado em alguma data específica, insiro um alarme na tarefa.

Exemplo: Ana Luiza – Retorno sobre orçamento de marketing do ano – desde 12/03/2018.

Dessa maneira bastante simples, consigo ter um controle eficiente de tudo aquilo que estou aguardando retorno de outras pessoas.

TÉCNICAS PRÁTICAS

O que fazer com as tarefas que você fica adiando

Acho que quase todo mundo já teve uma tarefa que não saía da lista. Ou porque era difícil, ou porque era chata, ou porque você simplesmente não sabia por onde começar, entre outros motivos. E o que é mais engraçado é que vira e mexe aparece uma dessas novamente na nossa vida. E aí, o que fazer? Deixar para o último minuto? Vamos bater um papo sobre como lidar de maneira mais saudável e com menos pressão com essas tarefinhas.

COMO SABER SE A TAREFA É IMPORTANTE

Em primeiro lugar, ela tem um prazo? Se tiver, esse é um bom guia. Além de analisar o prazo, pergunte-se: essa tarefa diz respeito a um acordo que fiz comigo mesmo(a) ou com outra pessoa? O que acontece se eu o quebrar? Como vou me sentir? Será que ela faz parte de um projeto importante para mim ou que afeta outras pessoas da minha equipe? Outras perguntas interessantes a serem feitas é se a tarefa diz respeito a um objetivo que você quer alcançar, por exemplo. Tudo isso pode lhe ajudar a desenvolver a motivação necessária para executá-la.

DESTRINCHE EM PEDAÇOS MENORES

Podem ser pedacinhos ridículos como: preciso fazer uma apresentação. Ok, então primeiro vou criar o arquivo PPT. Ótimo, agora vou fazer o template da apresentação. Fiz. Na sequência, vou inserir os títulos. E por aí vai. Destrinchar em pequenos (até pequeninos) passos pode ajudar.

USE A TÉCNICA POMODORO

Marque o alarme do seu celular para tocar daqui a 25 minutos e, durante esse tempo, trabalhe focado(a) nessa tarefa, fazendo o melhor que puder. Quando o tempo acabar, você pode parar e continuar depois ou, se tiver tempo e quiser, pode finalizar a tarefa. O fato de você ser "obrigado" a focá-la durante esses 25 minutos tira uma vontade sabe-se lá de onde de completá-la, o que é sempre bom para o cérebro (e para você como um todo, já que conseguirá engolir esse sapo).

> ## Multitarefa
>
> Existem alguns estudos que comprovam que não somos multitarefa. Na verdade, ficamos alternando a nossa atenção entre uma atividade e outra o tempo todo, o que nos deixa exaustos.
>
> Sou muito a favor de focar uma única coisa até terminá-la, em vez de alternar entre diversas atividades diferentes, mas isso depende. Existem pessoas que ficam entediadas e precisam mudar de ares um pouco. O importante é que você sempre faça uma marcação onde parou, para conseguir voltar rapidamente.
>
> Outra opção relacionada à exceção multitarefa é a de executar uma ação concentrada combinada com outra que não demande concentração, como escrever ouvindo música, por exemplo, ou passar a roupa vendo a novela.
>
> Fazer diversas atividades ao mesmo tempo pode não ser o ideal na maioria dos casos, mas também não é algo "8 ou 80". Encontre o seu ritmo.

Planeje seus deslocamentos

Essa é uma dica bem rápida, mas que faz muita diferença na minha vida.

Sou uma pessoa que viaja muito e que vive se deslocando por São Paulo (que tem várias cidades dentro de uma só, praticamente).

Por isso, planejar meus deslocamentos é fundamental! Faço isso porque:

- Não gosto de chegar atrasada.
- Não gosto de sair de casa na correria.
- Não gosto de dar "sorte ao azar".

Semanalmente, abro a minha agenda para a semana que vai entrar e vejo todos os compromissos externos que tenho: voos, treinamentos, palestras, aulas, reuniões.

Abro cada dia da semana e vejo quanto tempo vou levar para chegar a cada lugar. Uso o Google Maps para isso.

Planejo também a que horas preciso parar para me arrumar em casa e sair.

O objetivo é não fazer cálculos errados no dia a dia. Não precisar pensar. Só ir.

Isso me ajuda DEMAIS e é tão simples! Você resolve sua vida em meia hora no domingo (ou no dia em que quiser fazer esse planejamento). O Google Maps mostra qual o melhor caminho, se vale a pena ir de ônibus, metrô ou carro, e quanto tempo leva. (Sempre estimo a mais esse tempo para não ser prejudicada por imprevistos.)

Por exemplo, se eu tiver um voo às 16h30, coloco assim no meu calendário:

- 13h30 – Em trânsito (porque sei que levo de 30 a 40 minutos para chegar)
- 14h30 – Despacho de malas (se eu for despachar bagagem)
- 15h30 – Embarque
- 16h30 – Voo

Faço assim porque já peguei trânsitos terríveis para chegar ao aeroporto, em que levei uma hora em um trajeto que levaria trinta minutos normalmente. Então, para tudo, sempre estimo tempo a mais. Também gosto de deixar uma hora para o despacho de bagagens porque já tive problemas.

Por fim, se nada acontecer e tudo for rápido, aproveito o tempo no aeroporto para responder a e-mails, trabalhar um pouco e/ou almoçar com calma. Já estou ali.

Se por acaso algum imprevisto acontecer, meus horários não serão prejudicados, porque me programei e espacei bem o tempo.

O legal também é que não preciso pensar a que horas vou sair de casa. Já pensei antes, planejando a minha semana. No dia, basta olhar e estar pronta naquele horário que tudo vai dar certo.

E não serve só para voos, não. Serve para reuniões. Nunca marco uma reunião logo depois da outra, mesmo pela internet (a não ser que realmente não tenha outro jeito), porque um minutinho que passar do horário já significa que você está atrasado(a) e é um desrespeito com a outra pessoa. Ou seja, se tenho uma reunião das 14 horas às 15 horas, a próxima será às 15h30.

Costumo dizer que, se a reunião começa às 14 horas e você chega às 14 horas, você já está atrasado. Porque o certo é chegar antes, de modo que a reunião possa efetivamente começar às 14 horas. Valorize o seu tempo e o das outras pessoas.

Enfim, depois que comecei a planejar meus deslocamentos, diminuí minha taxa de atrasos e o impacto de imprevistos em 90% (nada é 100% garantido) e isso realmente mudou toda a minha vida. Nada como ter tranquilidade no dia a dia e sair para um compromisso sem correria.

Essa dica é simples, mas tem grande impacto!

Reduza seus compromissos

Toda vez que abro a minha agenda para revisar as minhas atividades, faço como se estivesse vendo uma tela em branco. Tenho meus compromissos já agendados, mas muito espaço ainda está vazio, pronto para ser preenchido. Será? Será que precisa ser preenchido? Acredito que, com o tempo, passamos a considerar normal ter a nossa agenda inteira preenchida, porque isso mostra como somos competentes e ocupados. Chegamos ao ponto de achar extremamente esquisito (não de maneira positiva) quando alguém diz que não está fazendo nada ou que tem tempo durante a semana para ir ao parque ou ao cinema, por exemplo. Por que nos tornamos assim? Por que o normal, hoje em dia, é estarmos sem tempo?

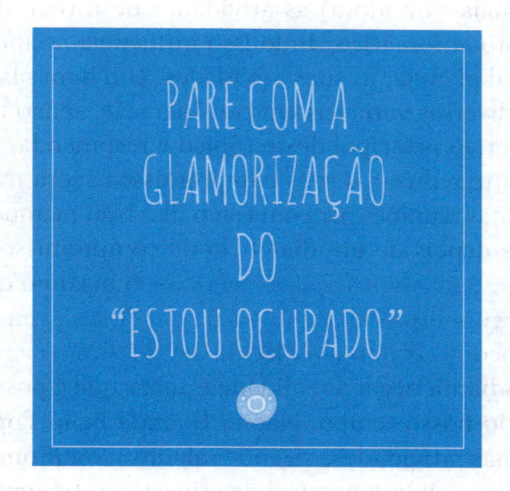

Ter um tempo vago na agenda não significa que você não vai fazer nada. Significa que, no dia, você decidirá o que fazer, de acordo com as suas prioridades daquele dia em questão. Se estiver inspirado para escrever, escreva. Se estiver passando mal, vá ao hospital ou descanse. Se precisar conversar com alguém, telefone. Você aproveitará esse tempo com mais tranquilidade. Caso sua agenda esteja cheia de compromissos, isso não será possível.

Aprenda um pouco a cada semana também. Se você vai participar de um curso durante dois dias da semana, você sabe que, no dia seguinte a esse curso, não poderá planejar muitos compromissos, pois terá muitas pendências para resolver dos dias anteriores. Da mesma maneira, se o seu chefe ou cliente principal estiver de férias ou viajando, você sabe que poderá ter um controle maior do seu tempo ao longo da semana, conseguindo colocar outras atividades não urgentes em dia e até mesmo antecipar outras.

Se você sabe que pela manhã sua cabeça está fresca e apta à criação, reserve esse período para atividades que demandem concentração e raciocínio maiores. Deixe para o período que você fica mais cansado(a) as atividades de rotina, que você já faz no piloto automático. Tudo isso influencia no momento em que você vai planejar as suas atividades. Um bom planejamento leva essas diversas variáveis em consideração, senão falhará.

O objetivo principal deste tópico é recomendar a você que simplesmente reduza os seus compromissos agora mesmo. Não planeje muitas reuniões para o mesmo dia. Não marque um jantar importante depois de um dia cheio de compromissos de trabalho. Deixe espaços livres na sua agenda – o máximo que puder – para conseguir respirar ao longo da semana e aproveitar esse tempo de acordo com o que decidir no dia.

Não adianta negar a realidade e achar que é possível planejar 100% do nosso tempo. Não é. E ainda bem! Portanto, planeje algumas atividades, agende alguns compromissos, mas tente deixar o máximo possível de espaços em branco. Se estiver em dúvida sobre a eficiência dessa tática, faça o teste durante uma semana e veja como se sente.

Para facilitar esse processo, é muito importante aprendermos a otimizar o nosso tempo. E como se faz isso? Oras, organizando-se! É para isso que esse trem todo serve, uai!

Trazendo as férias para o dia a dia

Vejam, amo o que faço, mas tenho uma rotina pesada. São muitos eventos, muitas viagens. Se eu não tornar essa rotina mais leve, vou querer tirar férias sempre, mas dificilmente vou conseguir também, porque são muitos eventos sequenciais.

Tomei a decisão, então, de transformar a minha casa em uma espécie de pousada de férias. O que me atrai nas pousadas? Café da manhã gostoso, tomado com calma. O ambiente de hotel, que não tem tantos objetos – só o necessário. Sempre limpo. O ar descompromissado, leve, de que cada dia é uma nova descoberta.

Olho para o meu quarto e me pergunto se ele é aconchegante como um quarto de uma pousada em uma montanha. Olho para o meu banheiro e me pergunto se ele é refrescante como uma tarde de verão depois de voltar de um banho de mar. Pode parecer muita viagem, mas tem funcionado. Esse novo olhar me possibilitou manter menos coisas em casa e curtir mais o meu dia a dia.

Especialmente, olhar para os ambientes pensando em suas funções e zonas de trabalho. Uma poltrona na sala para fazer um cantinho de leitura? Por que não? Uma cozinha absolutamente funcional, com o mínimo necessário? Sim. Um quarto cujo foco é ser aconchegante? Exatamente.

Ter menos coisas torna a vida mais leve. Ter menos coisas não só em casa, como na vida. E sei que é difícil, mas tudo isso vem do foco correto. Depois que percebi que deveria transformar a minha rotina como se eu estivesse de férias o tempo todo, as coisas ficaram infinitamente mais leves.

E isso não quer dizer que eu trabalhe menos, por exemplo. Muito pelo contrário – tenho trabalhado muito, mas estou alternando mais os tipos de atividade e, da mesma maneira que ler e-mails é importante, ler uma revista na hora do almoço também é. Tomar um chá no fim da tarde lendo um texto para o trabalho, sentada na minha poltrona favorita. Acordar mais cedo, aproveitar o dia. Não é por que estou em uma cidade praiana a trabalho que vou responder aos meus e-mails no lobby do hotel.

Cada vez mais acredito que, se a gente fizer da nossa vida uma vida legal, não precisa fazer pequenas pausas para fugir dela apenas para descansar. É um desafio diário, mas extremamente compensador. E também não tem problema nenhum fazer isso. O que quero dizer é que não precisamos depender apenas desses momentos para ter uma vida mais tranquila e descansada.

Como relaxar no dia a dia

Ser uma pessoa produtiva não significa trabalhar o tempo inteiro, mas saber alternar com elegância momentos de trabalho árduo com relaxamento. O cérebro agradece! Por isso, seguem algumas dicas para você relaxar desde o momento em que acorda, passando por um dia de trabalho e até a hora de ir dormir.

- Espreguice-se quando acordar, mas aquela espreguiçada gostosa! Nada de levantar correndo.
- Tome uma bebida pela manhã. Café, chá, suco verde, água com limão, não importa – a ideia aqui é parar sem fazer qualquer outra coisa que não seja prestar atenção nos goles que você esteja dando.
- Quando chegar ao trabalho, ouça uma música com os fones de ouvido para entrar em um modo mais tranquilo – especialmente se você trabalhar em um ambiente estressante.
- Faça uma pausa a cada 1h30 de trabalho para descansar, beber água e dar uma volta. Uma coisa particularmente relaxante é parar e olhar um pouco a paisagem pela janela.
- Na hora do almoço, tome um pouco de sol.
- Alterne atividades. Se trabalhou no computador, agora faça algo que não envolva a telinha – conversar com alguém, rascunhar o planejamento de um projeto no papel, arrumar a mesa etc.
- Limpe a tralha da sua mesa. Jogue fora papéis perdidos.
- Medite ao longo do dia. Não precisa parar vinte minutos durante um dia de trabalho para meditar no meio da sala – feche os olhos por dois ou três minutos e preste atenção à sua respiração.

- Ao chegar em casa, troque de roupa e faça uma transição para o "ambiente casa".
- Converse com algum amigo ou parente pelo telefone, nem que seja através de mensagens de áudio.
- Leia uma revista preferida quando for ao banheiro.
- Veja sua agenda para os próximos três dias para ter uma ideia do cenário.
- Beba uma taça de vinho ou uma caneca de chá quente.
- Desligue celulares e computadores pelo menos uma hora antes de ir para a cama.
- Se gostar de ler antes de dormir, leia livros agradáveis, e não horripilantes ou que vão deixar sua mente agitada.
- Agradeça algo que tenha acontecido no seu dia.

Soluções finais para quem diz que não tem tempo

"Não tenho tempo" já virou jargão nos dias atuais. Tenho tido bastante contato com pessoas das mais variadas profissões ultimamente e, quando conversamos sobre esse problema, todas falavam: "Thais, até consigo me organizar, mas realmente parece que não tenho tempo para N-A-D-A. Abril passou voando e tenho certeza de que o resto do ano será assim... Tenho medo de não conseguir tempo para trabalhar nos meus objetivos". Vamos bater um papo sobre isso? Apresento aqui algumas dicas bem práticas que já recomendei e vi darem certo com pessoas que diziam não ter tempo. Se você for uma delas, essas dicas podem funcionar para você também. Funcionaram até comigo, quando me vi "sem tempo" para demais atividades!

ACORDE CEDO, SEM MANHA

Já troquei a noite pelo dia. Já trabalhei mais à noite e acordei mais tarde. Já fiquei sem trabalhar um período para compensar em outro. Fiz uma série de testes, mas o que de fato funcionou foi simplesmente estabelecer um horário razoavelmente cedo todos os dias e segui-lo à risca, incluindo os fins de semana. Quando leio reportagens e entrevistas com profissionais de sucesso, a maioria deles diz que acordar cedo é um dos seus hábitos principais. Realmente, se você acorda tarde, ou nos "45 minutos do segundo tempo" para sair de casa, fazendo tudo sempre às pressas, nunca terá tempo suficiente mesmo. Diminua as atividades à noite e acorde mais cedo.

É claro que você pode me dizer: "mas Thais, nem todo mundo é igual, sou notívago, sou criativo à noite". Eu também! Até perceber que sou criativa sempre, desde que esteja com a energia boa e a mente descansada. E isso só é possível dormindo a quantidade suficiente de horas.

ESTABELEÇA METAS PARA O SEU DIA, TODOS OS DIAS

Você já deve ter listas de tarefas e prazos que vencem diariamente. Entre eles, estabeleça três metas – as três atividades mais importantes para você finalizar no dia em questão. Concentre-se nelas. Não trabalhe em outras atividades antes de terminá-las, pois isso lhe dará o input para que você queira finalizá-las o mais depressa possível.

ESQUEÇA O CONCEITO DE MULTITAREFA

Faça apenas uma atividade de cada vez, até terminar. Ser multitarefa é mito. Se você fizer diversas coisas ao mesmo tempo, seu cérebro não conseguirá se concentrar porque, na verdade, você está repetidamente alternando sua atenção entre uma tarefa e outra.

DÊ UM CHEGA PARA LÁ NO BAIXO-ASTRAL

Analise suas atitudes sempre que notar que está meio para baixo. Todo mundo tem seus dias, suas fases, mas não deixe que esses momentos se tornem regra. Se perceber que está ficando um pouco para baixo todos os dias, tente descobrir o que está acontecendo. Reflita sobre a vida, busque soluções para o que o está incomodando. Não se conforme com essa situação, pois ela fará você arrastar sua energia durante muito tempo, o que vai fazer você demorar mais para executar e postergar tarefas simples. Tudo isso passa a impressão de que o tempo está mais curto.

Por fim, quero dizer que é fácil falar que não tem tempo. A verdade é que todas as pessoas têm 24 horas todos os dias para fazer as coisas acontecerem, e o que as diferencia das que não fazem é justamente a organização, que nada mais é do que definir prioridades. Você pode continuar ignorando suas prioridades ou tomar uma atitude e organizar sua vida. Comece pelas dicas que acabou de ler e depois analise os resultados!

Como conciliar trabalho e estudos

Conciliar duas atividades intensas (como trabalhar o dia todo e estudar à noite) não é fácil. Demanda esforço, disciplina e um gerenciamento enorme de energia para não ficar cansado física e mentalmente. Minhas sugestões para você são as seguintes:

1 Procure planejar sua semana. Uma vez por semana (domingo, talvez, mas pode ser no dia que você quiser), veja todos os compromissos que você vai ter (incluindo horário de trabalho). Insira os períodos em que estará se deslocando, em trânsito (isso é importante para saber a estimativa de tempo disponível). Ao chegar em casa, você toma banho, faz o jantar ou qualquer outra atividade? Pode querer planejar isso também. Insira tempo suficiente de sono (sim! bloqueie em sua agenda as horas de sono) e veja quantas horas sobram para os seus estudos. Se sobrarem três horas, por exemplo, veja como pode distribuir seus estudos ao longo da semana. Faça esse planejamento religiosamente toda semana. Ele será fundamental para a sua organização.

2 Garanta que o planejamento da sua semana como um todo seja factível. Não adianta se comprometer a dormir só quatro horas por noite achando que vai manter esse ritmo insustentável por muito tempo. Todas as áreas da sua vida são importantes, dos estudos à sua saúde. Busque uma vida equilibrada. Mesmo que leve mais tempo para atingir suas metas de estudo (exemplo: passar em um concurso público), pelo menos você fará isso sem prejudicar as outras áreas.

3 Gerencie sua energia. Se você sabe que precisa dormir oito horas todas as noites, priorize esse tempo. Procure acordar todos os dias no mesmo horário, pois o corpo gosta de rotinas (incluindo os fins de semana). Alimente-se bem – e aqui pode valer a pena buscar médicos que indiquem uma dieta funcional para a vida que você tem.

Otimizar seu tempo o máximo possível pode ajudar, por isso a recomendação de ferramentas eficientes e a disciplina com o planejamento semanal.

15 recomendações para você ter uma semana mais tranquila

Seguem algumas recomendações que podem fazer a sua semana ser um pouco mais tranquila.

1 Cancele uma reunião. Resolva o assunto de outra maneira.

2 Esvazie sua mente antes de dormir: pegue um bloco de notas, uma caneta e escreva tudo aquilo que o(a) esteja preocupando. Durma tranquilo(a) e apenas no dia seguinte pegue as anotações para processar e resolver alguma coisa.

3 Revise toda a sua lista de coisas a fazer da semana e veja o que você pode, sem dó, deixar para depois. Mantenha o que for importante para você, mesmo que signifique tirar algo que seja prioridade de outras pessoas. A pergunta-chave é: preciso fazer isso esta semana?

4 Aliás, escolha as três coisas mais importantes que você precisa fazer esta semana e veja-as como metas. Podem ser atividades como ir à academia na quinta-feira de manhã ou concluir o projeto X. Dê a si mesmo(a) algum prêmio quando conseguir concluí-las, como uma hora de soneca no sábado à tarde ou assistir a três episódios seguidos de uma série da qual você goste.

5 Quando estiver fazendo alguma atividade chata no trabalho, pergunte-se: tem alguma forma mais fácil de fazer isso? Sou a pessoa certa para fazer ou outra pessoa deveria estar fazendo isso?

6 Escolha um ponto forte seu, algo de que goste muito em você, e foque nele esta semana. Por exemplo: se você gosta do seu sorriso, perceba como você sorri para as pessoas e em que situações.

7 Desligue as notificações de todas as redes sociais do seu celular.

8 Pague uma conta cujo vencimento ainda está longe.

9 Pense no maior problema da sua vida neste momento. Imagine esse problema daqui a dez anos. Ele ainda será importante?

10 Atualize seu perfil no LinkedIn.

11 Envie uma mensagem elogiando alguém.

12 Troque seu travesseiro por um novo.

13 Preste atenção no seu corpo. Onde você sente dor? Onde você se sente desconfortável?

14 Diga "não" para algo que você não quer fazer.

15 Compartilhe uma dessas dicas com alguém de que você goste e que precisa delas.

Como se organizar quando parece que tudo acontece ao mesmo tempo

Por mais que a gente se organize, o mundo não se organiza. E você pode ser a pessoa mais organizada do universo –, mas sempre existirão situações que vão tirá-lo dos eixos, causar caos na sua vida e, se você não tiver sanidade e um método de organização, a tendência é se afundar nesse ciclo caótico mesmo!

A vida pode nos desestabilizar diariamente. E o que causa desespero ou estresse é não saber como dar um tempo, respirar e se organizar de novo. Mesmo porque, eu sei: ninguém tem tempo pra isso no dia a dia – as coisas acontecem muito rápido! Mas dá sim, com algumas técnicas, para se organizar mesmo quando, aparentemente, tudo acontece ao mesmo tempo.

Como eu faço: em primeiro lugar, tenho a consciência de que o mundo não vai facilitar. E que as pessoas não têm noção da quantidade de coisas que chegam até mim. Por isso, a responsabilidade pela minha organização pessoal é única e exclusivamente minha.

Outra coisa: ninguém gosta de ouvir "não". E se organizar é dizer MUITOS "nãos". "Ah, mas você não conhece meu trabalho; as pessoas não aceitam." Todo mundo se preocupa tanto com o "não", mas não pensa no peso e no valor que dizer "sim" significa para o próprio tempo. Quando você diz "sim" para algo, está dizendo "não" para muitas outras coisas – inclusive seu sono, sua tranquilidade, sua família. Então, trata-se apenas de uma escolha: para quem ou para o que estou escolhendo dizer "não"?

Quando o mundo parece estar desabando sobre as minhas costas, não se trata de escolha – eu PRECISO parar por alguns segundos, analisar o que tenho programado para hoje ou para a semana e renegociar diversos acordos que fiz comigo mesma e com outras pessoas. Se eu não fizer isso, estarei sacaneando não só outras pessoas (com os prazos que não cumprirei de qualquer maneira) como a mim mesma, porque vou ficar mental e fisicamente exausta.

"Desculpe, reavaliei minhas prioridades e o que combinei de entregar amanhã não conseguirei. Consigo entregar dia tal, tudo bem?" Ninguém gosta de ler isso. Desse modo, outra opção também é delegar. Veja o passo a passo de como eu faço:

ANALISO A MINHA AGENDA PARA O DIA E PARA A SEMANA

A primeira coisa que faço é analisar a semana inteira e me perguntar: isso realmente precisa estar aqui ou pode ser renegociado? Algumas coisas não podem: fato. Outras, sim. Qualquer reunião ou prazo que eu conseguir renegociar será um ganho tremendo.

DELEGAR NÃO É UM BICHO DE SETE CABEÇAS

Considere a possibilidade de passar para outra pessoa. Você não precisa ter uma equipe trabalhando para você para delegar: pode ser um colega de trabalho, seu marido/sua esposa ou até seu/sua chefe. Você é realmente a pessoa mais adequada para fazer aquilo? Se não, delegue. Nosso tempo é precioso e é um sinal de sabedoria largar o osso com o passar do tempo, em relação a algumas atividades que você não é mais a pessoa adequada para fazer.

EMPODERE-SE

Se você está tomando a decisão certa, confie no processo. As pessoas vão reclamar o tempo todo, mas só você sabe o valor do seu tempo. Se não tomar essas decisões, quem vai ficar doente e sobrecarregado é você e não elas. Exponha as razões, se necessário, e lembre-se sempre de que somente você é responsável pelo seu tempo.

CUMPRA SEUS ACORDOS

Se você é uma pessoa que busca se organizar, respeita as outras pessoas e cumpre os acordos (renegociados ou não), os outros passarão a confiar nas suas decisões com o tempo. Se você sempre foi extremamente desorganizado, essa confiança pode não existir. Portanto, a organização é um processo, mas precisa ser iniciada em algum momento.

Busque ferramentas que possam auxiliá-lo(a) nessa organização.

RESPIRE

Por fim, dê um tempo, nem que seja de poucos minutos. Saia do computador (essa dica é séria!). Alongue-se. Respire fundo. Saia ao ar livre. Dê uma volta, ouça música, descanse um pouco. Descansar é fundamental para que você retome sua energia e volte com tudo para fazer o que precisa ser feito!

O que lhe permite largar tudo e ir para o happy hour hoje?

O que lhe permite desligar o computador e ir assistir a algum filme ou série Netflix sossegado(a)?

O que lhe permite largar o projeto e abrir uma cerveja?

O que lhe permite sentar com seu filho na sala e brincar sem se preocupar com os e-mails não respondidos?

O que lhe permite ir ao cinema na terça-feira à noite?

O que lhe permite acordar mais tarde na segunda-feira de manhã?

O que lhe permite ir lá fora brincar com seus cachorros no meio de uma tarde de quarta-feira?

O que lhe permite tirar férias?

O que lhe permite pegar o violão na tarde de domingo sem se preocupar com a segunda?

O que lhe permite ir regar as plantas no jardim?

O que lhe permite preparar uma refeição com calma no meio da semana?

Você só pode se sentir bem com o que você não está fazendo quando você sabe o que não está fazendo.
— **David Allen**

Isso significa que, se você tem seus projetos e seus prazos sob controle – tudo o que precisa fazer, de alguma maneira, organizado –, fica tranquilo(a) para deixar tudo isso de lado e fazer algo que não estava "na sua lista" – e em geral isso é criativo, relaxante, prazeroso, inusitado, inesperado, corajoso e você simplesmente consegue fazer sem se preocupar, sem se culpar, e consegue estar presente nesse momento.

Enquanto essas coisas ocupam espaço na sua mente, causando-lhe preocupação, porque estão desorganizadas, elas não liberam espaço para você estar presente e despreocupado curtindo aquilo que realmente importa.

É por isso que vale a pena se organizar. Não para "ser organizado(a)", mas para conseguir viver e ser feliz com todas as coisas que não precisam ser organizadas.

O primeiro passo é ter o hábito de tirar as coisas da mente. Anotar em um papel, no computador, gravar – passar para um dispositivo de coleta, enfim. Depois, esclarecer o que aquilo que você coletou significa. Demanda algum tipo de ação? Sim? Eu que devo fazer? Outra pessoa? Se sou eu, tem prazo certo? É rápido, posso fazer agora? É um projeto? Se não demanda, onde posso guardar como referência? Posso querer me lembrar disso no futuro? Por fim, preciso revisar com regularidade essas informações para garantir que minhas listas estejam atualizadas, de modo que eu não perca nada. E, no dia a dia, vou executando aquilo que precisa ser feito, sem perder prazos e confiando nas minhas escolhas.

Faça as pazes com a sua vida profissional

"Quantas horas você trabalha por semana?". Costumo ouvir essa pergunta sempre que comento que esvaziei minha caixa de entrada em um domingo de manhã ou quando faço um webinar durante a semana, à noite. E sempre respondo com outra pergunta: "Quantas horas por semana você é mãe ou pai?" ou "Quantas horas por semana você cuida da sua saúde?".

Outra pergunta que também ouço sempre é: "Devo organizar minhas listas de projetos para fazer no trabalho e ter outra para a minha vida pessoal?". E também replico com perguntas como: "Se você vai fazer uma viagem de trabalho e isso impacta na sua rotina em casa, esse é um projeto pessoal ou profissional?". Gera certo *bug* mental sempre que faço essas perguntas.

Agora, por quê? Porque somos uma só pessoa, com diversas áreas na nossa vida. Não se trata mais de "pessoal × profissional". Você se preocupa e trata de problemas "pessoais" enquanto está no trabalho, assim como tem ideias sensacionais para projetos "de trabalho" quando está de férias ou em casa, descansando.

Este tópico é uma proposta para você. Faça as pazes com a sua vida pessoal e profissional. Você tem UMA vida, e essa vida tem múltiplas facetas, múltiplos interesses e múltiplas áreas que devem ser equilibrados da melhor maneira para você.

Atenção: isso não é uma permissão para se desfazer de limites. Não significa que está tudo bem se trabalhar vinte horas por dia e deixar de lado outras coisas. Muito pelo contrário. Significa que você pode planejar um projeto "de trabalho" em um final de semana, se estiver a fim de fazer isso. Sem neuras. Assim como fazer a lista de supermercado enquanto estiver no horário de trabalho.

Se a gente parar para analisar, a separação entre pessoal e profissional é recente na história da humanidade. Essa coisa de "deixar o trabalho no trabalho" ou "bato o cartão às 17 horas – depois disso esqueço o trabalho" é algo que a revolução industrial trouxe para a vida das pessoas. Pergunte a um fazen-deiro se ele separa a vida pessoal da vida profissional. Não existe – é uma vida. Tudo se relaciona e se equilibra.

Antigamente os pais chegavam em casa depois do trabalho e a família nem sabia o que eles tinham feito naquele dia. Isso não existe mais hoje, porque as pessoas estão buscando engaja-mento com propósito, o que é ótimo. Estamos vivendo uma época em que tudo está se misturando novamente. A partir do momento em que você vai conquistando propósito na sua vida, é natural curtir as coisas do seu trabalho mesmo fora dele.

Atenção novamente: não estou dizendo que todo mundo tem que ser workaholic. Muito pelo contrário! Estou dizendo que cada vez mais as pessoas estão buscando trabalhos que lhe permitam, em uma terça-feira à tarde, elas possam parar para ler um livro. Ou pintar um quadro. Então a gente precisa enten-der isso, se cobrar menos e equilibrar todas as áreas da vida de acordo com o que faz sentido.

Uma vez que você tenha controle de todas as coisas que precisa fazer, não importa se elas são pessoais ou profissionais – você vai realizá-las no contexto mais adequado, mas vai eco-nomizar horas. O modelo de oito horas diárias de trabalho pode ser reduzido a três ou quatro. Porque você aproveita melhor o seu tempo.

E, uma vez que você tenha algo a fazer, sua mente só con-segue focar aquela coisa. Se não tiver controle sobre aquilo que não está fazendo, isso vai ficar interrompendo-o mentalmente, no aspecto pessoal ou profissional. E isso não depende do lugar onde você esteja – em casa ou no escritório.

Fazer as pazes entre a sua vida pessoal e a profissional co-meça com o entendimento de que não existem duas vidas dife-rentes, mas uma única vida com diversas áreas que você vai aprendendo a equilibrar. Afinal, seu trabalho no escritório é tão importante quanto a sua saúde, seus cuidados com a casa, com a família, suas horas de lazer, de sono, tudo. Então nada deve ser negligenciado em detrimento de outra coisa.

Fala-se tanto hoje em "home-office como tendência" ou "usar ferramentas que tornem a nossa vida mais produtiva", mas o núcleo da questão é outro: estamos vivendo em um mundo 24/7 que não pediu permissão para chegar e cada um tem as próprias regras sobre o que deve ser feito. Enquanto para uma pessoa é normal enviar uma mensagem no WhatsApp sobre um projeto de trabalho às 11 da noite, para outra isso é o cúmulo, inadmissível. Enquanto o mundo se adapta a essa nova realidade, precisamos estabelecer limites próprios, e esses limites nascem apenas de uma busca por uma vida mais equilibrada, em todos os setores. Afinal, qual a diferença entre um WhatsApp de trabalho às 11 da noite e um WhatsApp de um amigo? São interferências do mesmo jeito.

Se você costuma dividir sua vida entre pessoal e profissional porque não quer ser interrompido quando está fazendo uma coisa ou outra, aqui vai uma notícia: você vai ficar chateado(a) se brigou com a sua mãe, mesmo que tente se concentrar na reunião com o cliente. Você vai continuar tendo ideias para os seus projetos enquanto estiver tomando banho ou de férias. Não se cobre por isso. Faça as pazes com a sua mente e aprenda a capturar essas ideias e organizá-las adequadamente, de modo que, depois, você possa lidar com elas no momento que considerar mais apropriado. O ideal, na realidade, é que você possa fazer uma coisa de cada vez, sem ser interrompido especialmente pelos seus pensamentos. E é aqui que a organização ajuda, porque permite que você tenha o controle de tudo o que não está fazendo no momento, o que lhe dá tranquilidade.

Contudo, sinceramente, sua vida é o seu trabalho e seu trabalho é a sua vida. Viver é um trabalho. A qualquer momento, estando em casa, no escritório, na academia, na faculdade, você deve ser capaz de deixar todo o resto, seja o que for, de lado, e se concentrar no que precisa ser feito. E isso não tem nada a ver com uma separação simplista como "pessoal × profissional". A pergunta a se fazer é: quais áreas da sua vida demandam atenção e como você tem lidado com as demandas de cada uma delas? Isso é equilíbrio.

Responder a e-mails em um domingo de manhã está correto se foi uma escolha sua – e não algo que esteja fazendo porque não deu conta durante a semana, obrigando-o a deixar de lado coisas mais importantes – como descansar ou ficar com a família. Optar pela melhor escolha no momento, para você, é a chave.

Você consegue manter a sua organização se estiver doente?

O seu sistema de organização deve ser simples o suficiente para que você se mantenha organizado(a) mesmo nas situações mais extremas.

Algum tempo atrás (quase dois anos!), fui surpreendida com uma pneumonia e fiquei dez dias no hospital. O que me permitiu renegociar tudo o que eu tinha para fazer foi ter um sistema de organização simples.

Renegociar é uma ótima palavra para ter sempre em mente. Não dá pra fazer tudo e cumprir todos os prazos o tempo todo. Faço o meu melhor, mas mesmo assim há dias em que algo acontece (como ficar doente ou qualquer outro imprevisto) e não consigo cumprir prazos. Então renegocio, sempre.

Renegociar significa ser honesto(a) consigo mesmo(a) e assumir que infelizmente você não conseguirá fazer aquilo. Talvez você tenha definido muitos prazos para um mesmo dia. Talvez o prazo que lhe deram não tenha sido factível. O fato é que a produtividade é um aprendizado que nunca termina – a gente vai cada vez mais entendendo o que dá e o que não dá para fazer, e mesmo o que pode ser renegociado algumas vezes.

Quando eu estava no hospital, o que me permitiu ficar tranquila foi pegar o meu celular e ver todos os compromissos que eu tinha na minha agenda para as duas semanas seguintes: treinamentos, eventos, prazos importantes de atividades, coisas em casa que envolviam meu filho (exemplo: trabalho da escola, reunião de pais). Em meia hora, por ter uma agenda simples, resolvi tudo o que tinha ali. Enviei uma mensagem para a pessoa que aloca instrutores para os treinamentos avisei que eu não poderia fazê-lo, deleguei muitas coisas para o meu marido, enviei mensagens a algumas pessoas dizendo que não poderia estar em determinados compromissos e assim tudo foi se ajeitando.

Depois, no outro dia, com mais calma, acessei minhas listas de projetos e tarefas pelo meu celular, para ver se algo ali tinha a minha atenção e se precisaria ser renegociado. Estava tudo tranquilo. E vejam, sou empresária, consultora, professora, mãe, escritora, blogueira. Tenho coisas pacas para fazer, mas em pouco tempo resolvi a minha vida. Por quê? Porque sou organizada. É para isso que a organização serve – para dar segurança e tranquilidade nesses momentos mais difíceis.

A organização tem que ser mais fácil que a bagunça, para você manter sua casa arrumada. Não adianta reclamar do filho que joga a roupa suja no chão do banheiro – coloque um cesto ali. Proponho que hoje você analise "que cestos de roupa suja" estão faltando em seu sistema de organização, de modo que ele se torne simples e intuitivo para você.

As listas devem ser cada vez mais simples, pois de complexa já basta a nossa vida. Tudo precisa ser assim. E "simplificar" tem sido meu lema há alguns anos. Se eu complicar as minhas listas, minha mente, de maneira inconsciente, vai querer reter tudo dentro dela, pois sentirá uma repulsa pelo complexo.

Definir o meu trabalho, então, é mais do que pegar uma anotação em um caderno e definir o que quero ou preciso fazer com aquilo. É o meu empoderamento como ser humano do século XXI que pensa nas coisas que precisa ou quer fazer, de modo que não desperdice o tempo apenas estando ocupado(a) desordenadamente, fazendo coisas sem sentido. E de fato acredito que, se todos tivessem esse tipo de comportamento, a vida teria muito mais significado e o propósito seria evidente, pulsante em cada atividade que cada um faça.

Quais das suas atividades atuais você realmente deveria estar fazendo?

Numa semana em que tinha duas viagens a trabalho e uma lista de tarefas que precisava concluir antes de viajar, quis fazer uma experiência, analisando essa lista. De todas as tarefas que eu precisava fazer, quantas delas poderiam ser feitas apenas por mim? Ou seja: se eu tivesse uma equipe de dez ou doze pessoas e pudesse delegar essas tarefas quais delas eu não poderia delegar, pois somente eu seria qualificada a fazê-las?

Esse exercício foi interessante porque, de 19 tarefas, 8 poderiam ser feitas por outras pessoas. No momento eu (ainda) não tinha uma equipe para delegar ações como "gerar notas fiscais" ou "enviar proposta comercial", mas esse exercício me fez enxergar o seguinte:

- Quase 50% do meu trabalho poderia ser delegado. E, se fosse, eu teria 50% a mais de tempo para trabalhar naquilo que somente eu poderia fazer (meu talento).
- Identifiquei quais tarefas poderiam ser delegadas. Isso facilitou-me muito na contratação de pessoas, pois tinha claro o escopo delas e as competências que precisariam ter.
- Isso também me deu mais certeza de que devia contratar alguém. Esse devia ser um bom foco, então.
- As tarefas que somente eu poderia fazer me deram um indicativo do que é realmente prioridade, pois resumem o meu trabalho. Eram ações como escrever, capacitar-me, capacitar outras pessoas.

A dica aqui, então, é você realizar a mesma análise com a sua lista de afazeres. Será que todas as tarefas dela realmente precisariam ser feitas por você? Você é a pessoa mais apropriada? Talvez você não possa delegar no momento, mas essa análise lhe dará um forte indicativo de qual deve ser o seu foco para crescer.

Como lidar com pessoas desorganizadas

São várias questões legais de abrirmos aqui. Vou dar minhas recomendações que sei que funcionam, por experiência ao longo dos anos:

1 Independentemente das outras pessoas, tenha seus limites pessoais. Quanto mais você se organiza, mais consegue argumentos para dizer "não" às pessoas. É complicado falar que não pode assumir uma demanda X "porque você não tem tempo". E bem diferente dizer que não pode assumir tendo uma lista completa de todos os seus projetos em andamento e podendo negociar o que é prioridade. Além disso, se você for uma pessoa organizada, todos sabem que tem as coisas sob controle. Por isso, sempre trabalhe nos seus projetos.

2 Já tive chefes desorganizados e já trabalhei com pessoas muito desorganizadas. O que eu fazia era antecipar prazos. Por exemplo, se algo precisa ser entregue até dia 15, eu dizia que o prazo era dia 14 ou 13. Sempre funcionou bem.

3 Outra recomendação que dou é sempre você pensar: "o que está sob a minha influência ou responsabilidade fazer com relação a determinada tarefa?". Por exemplo, Fulano ficou de lhe entregar uma demanda e está demorando. Qual é a sua responsabilidade nisso? Muitas vezes, é só ficar cobrando. Tudo bem, faça isso. Muitas vezes você é responsável pelo projeto e precisa responder a um diretor ou gestor acima de você. Notifique ao gestor o que está acontecendo. Muitas vezes (e aqui deixo como último recurso, para evitar sobrecarga), temos que pegar a demanda de volta e finalizar o negócio. Tudo depende de prioridades... O fato é: o que VOCÊ pode fazer com relação àquela demanda que o Fulano está atrasando? Tente tirar um pouco da pressão da sua cabeça, porque muitas vezes não há o que fazer e você não precisa se responsabilizar por tudo.

Existe uma máxima budista que diz que é mais fácil calçar chinelos que cobrir o mundo inteiro de borracha para você poder pisar descalço. Ou seja, busque soluções para você, em vez de tentar mudar o mundo. Se você fizer isso, é provável que as pessoas ao seu redor comecem a usar chinelos também. Aqueles que não usarem ficarão com os pés sujos – e é problema deles. Se eles entrarem na sua sala sujando o piso, você sempre tem opções.

Sem medo de mudança

Sou fã da consistência. Acredito que uma mesma coisa, quando feita várias e várias vezes, pouco a pouco, traz grandes resultados. Mas isso não me faz ter medo da mudança. Acho que a mudança é boa e necessária. Dá um chacoalhão, desperta-nos para novas possibilidades e faz com que aprendamos cada vez mais a nos reestruturar novamente, partindo de um ponto de instabilidade.

Vejo as pessoas com muita resistência à mudança. A uma mudança de casa, de cidade, de relacionamento, de estilo, de trabalho, até de trajeto. E uma coisa que a mudança me ensinou é que água parada acumula coisas. E "acumular coisas", no geral, não é muito legal. Porque a gente nem percebe que está acumulando. As coisas chegam e permanecem, e é mais fácil manter como estão. Isso vale para a pilha de revistas que vão se acumulando no canto da sala, assim como problemas que entram na nossa vida e não resolvemos.

O que talvez não levemos em consideração é a impermanência de tudo, inclusive de nós mesmos. A velha história de que "desse mundo não se leva nada". Mesmo quando não mudamos, nós mudamos. Porque a vida, o mundo e as circunstâncias mudam. Em vez de apenas aceitar, podemos abraçar as mudanças como oportunidades de aprender algo novo, de nos reinventarmos.

As mudanças podem ser planejadas ou vindas de surpresa. Permita o atropelamento. Chore, se machuque, depois levante, sacuda a poeira e coloque um sorriso no rosto, porque a vida continua. O ser humano tem essa capacidade fantástica de se superar a partir de situações inimagináveis. E todas elas têm a ver com a mudança.

Mesmo quando estamos levando uma vida tranquila, algo lá no fundo pode estar nos incomodando. Ou então é alguém na família que precisa de ajuda – o surgimento de uma doença grave, por exemplo, ou alguém que tenha ficado desempregado e precisa sustentar os filhos. Não podemos fazer nada com relação à morte, mas mesmo com ela – mesmo quando morrem pessoas queridas – a vida segue. Segue diferente, mas segue.

Tenho uma afirmação pessoal que me ajuda muito a refletir sobre as mudanças da vida: "DIE DAILY" ("morra diariamente"). Porque, quando algo morre, outra coisa renasce. E, às vezes, algumas coisas (situações, problemas) precisam morrer para que você consiga enxergar outras oportunidades e possibilidades que antes não enxergava. Entendi que preciso desenvolver esse desapego de ideias e situações, porque ele não me agrega nada de útil. Acho que faz parte da veia empreendedora do ser humano querer sempre criar e recriar algo com as próprias mãos, inclusive a sua vida.

No geral, mesmo quando planejada, a mudança é dolorida. Ela traz situações novas, às quais não estamos acostumados, e o novo pode assustar. Sabe aquele velho provérbio, "Tudo vai passar"? Pois é verdade. Tudo vai passar: a felicidade, a infelicidade, os problemas, as soluções. Porque, mesmo depois de encontrar uma solução, logo virá outra coisa com que se preocupar. E assim é a vida. O "segredo" (se é que posso chamar assim) é ter a mente sempre com atitude positiva, pensar em resultados desejados felizes e partir para a próxima ação, sempre com foco naquilo que você queira alcançar.

Não precisamos esperar o fim do ano para querer mudar ou renovar. Renove-se para o segundo semestre. Renove-se diariamente. A cada minuto. Porque novos ciclos se iniciam e se encerram o tempo todo também. Esteja presente. Viva com tranquilidade. Planeje suas mudanças e encare as não planejadas com o mesmo vigor de quando a felicidade bate à sua porta. Até porque, para quem desenvolve resiliência, a felicidade está no caminho.

Permita que a mudança aconteça. Ela é boa. Traz novas oportunidades de se descobrir e novas maneiras de viver a vida. Ela não é inimiga da consistência – pelo contrário, as mudanças trazem os chacoalhões necessários para que a qualidade se mantenha. Que chacoalhões você precisa dar no seu pote hoje?

Capítulo 7

Ferramentas

Não é sobre ferramentas

Pode parecer curioso iniciar um capítulo sobre ferramentas dizendo que "não é sobre ferramentas". O que quero dizer aqui é que muito se espera das ferramentas diversas. A cada dia, novas ferramentas e novos aplicativos são lançados. A tecnologia nunca para de evoluir. Com tantos recursos, é natural esperarmos cada vez mais delas. A proposta é que, em vez de buscar cada vez mais a automação, você busque significado. É mais fácil e mais rápido confiar sua vida a uma ferramenta que vai avisá-lo, por meio de um alarme e notificação, qual é a próxima coisa que deve ser feita. A pergunta é se nós queremos esse tipo de automatização.

O que proponho com este livro é a criação de um processo pessoal para seu trabalho organizado. A construção desse processo, que envolve técnicas, métodos, hábitos, e que é uma construção para toda a vida, diga-se de passagem, é que fará a diferença na sua vida, de modo que as ferramentas, por melhores que sejam, constituam apenas ótimos recursos para facilitar esse processo. Mas não queremos automatizar nem confiar em ferramentas. Confiaremos em nós mesmos(as) e nos bons hábitos que podemos construir ao longo de nossa vida.

Existem algumas ferramentas que podem ser úteis em seu processo de organização. Ferramentas por si só não resolvem qualquer tipo de problema. Não busque ferramentas "perfeitas", que farão milagres pela sua produtividade. O que vamos construir juntos é um processo pessoal para organização do trabalho, que envolve ferramentas que apenas darão suporte ao que precisa ser feito.

Pela minha experiência, algumas ferramentas podem ser úteis nesse processo:

- Uma agenda
- Uma ferramenta em que você possa gerenciar listas de tarefas
- Caixas de entrada para gerenciar e-mails e mensagens
- Ferramentas para armazenamento de arquivos
- Ferramentas para fazer brainstorm
- Papel e caneta

Algumas pessoas questionam se o uso de diversas ferramentas não pode mais confundir do que ajudar. O segredo do uso de diversas ferramentas, em vez de apenas uma, está no **foco**. Quando você organiza tudo em uma única ferramenta, tem à sua disposição todas as informações, o que pode causar uma sensação de sobrecarga e você pode não saber "para onde olhar primeiro". A ideia é organizar as informações de acordo com a natureza de cada uma delas, de modo que isso gere mais foco também.

FERRAMENTAS ESSENCIAIS

AGENDA

Seja qual for o tipo escolhido, o importante é que você simplesmente tenha uma agenda. Nós partimos do pressuposto de que nossa mente se esquece das coisas e, por isso, precisamos de locais mais confiáveis para organizar as informações. A agenda é apenas um desses locais.

Você pode ter uma agenda de papel ou uma agenda eletrônica, que possa acessar pelo computador e pelo celular. Fica totalmente a seu critério qual dos dois modelos usar. Aliás, isso é importante: você precisa gostar das suas ferramentas de organização. Se não gostar delas, não se sentirá motivado a usá-las. Invista tempo até encontrar as ferramentas de que goste.

Se você utilizar uma agenda eletrônica, minha recomendação é que crie agendas paralelas para categorias diferentes de organização, se sentir necessidade. Ou seja: uma agenda padrão, para as suas informações organizadas (essa é a essencial), uma agenda para o planejamento e uma agenda para o registro. A única agenda realmente necessária é a agenda padrão com as informações organizadas, mas você pode querer ou precisar usar agendas para seu planejamento pessoal ou para registrar as atividades que realizou. Veja essas outras duas possibilidades de agenda como recursos úteis que você pode querer utilizar se houver necessidade, não como obrigação.

O que entra, em termos de informações organizadas, em uma agenda:

- Compromissos (consultas médicas, reuniões, aulas)
- Lembretes (informações às quais precisa ter acesso naquele dia)
- Tarefas pontuais (ações para realizar no dia em questão)
- Prazos (vencimento de contas, prazos de projetos)

Com base nessas informações organizadas, você pode querer planejar atividades. Nos capítulos anteriores, sugeri algumas maneiras de fazer isso.

Cores diferentes

Algo que pode ajudar no gerenciamento da agenda é usar cores diferentes para as atividades anteriormente citadas. Você pode ter uma cor padrão mais forte para as informações organizadas (azul, por exemplo), uma cor menos forte para os seus planejamentos (cinza, por exemplo) e uma cor neutra para os registros de atividades (branco, por exemplo). A ideia é que, ao bater o olho em sua agenda, você saiba o que tem de compromissos ou o que pode ser realocado em outro dia e horário por ser apenas um planejamento.

O que acho bem interessante é que, só de bater o olho, já sei o que é compromisso com horário marcado e o que posso mover, em caso de imprevistos. Isso me deu muito mais flexibilidade ao fazer meu planejamento da semana, pois insiro na agenda apontamentos flexíveis relacionados a projetos. Por exemplo: se vou precisar executar alguma tarefa mais demorada na próxima semana, coloco-a na agenda com a cor cinza no dia em que provavelmente conseguirei fazer, para me programar. No entanto, se aparecer algum compromisso naquele horário, sinto-me à vontade para mover aquele apontamento ao longo do dia ou da semana. Mas, se for possível, deixo-o ali, deixo, pois tenho essa informação clara ao lidar com cores. Se fosse um apontamento em azul, eu saberia de imediato que não pode ser movido.

Outra maneira de usar cores diferentes é para o caso de ter mais de um tipo de trabalho. Por exemplo, pode ser que você tenha um emprego, mas também tenha um empreendimento paralelo. Você pode usar cores diferentes para diferenciar esses compromissos e ter uma ideia de como está alocando o tempo ao longo da semana para cada um deles.

Qualquer ferramenta de agenda eletrônica hoje em dia permite o uso de cores nos compromissos. Caso você utilize uma agenda de papel, pode usar canetas diferentes ou mesmo diferenciar entre caneta (informações organizadas) e lápis (planejamentos).

Veja: procure não complicar ou burocratizar sua agenda. Essa dica é recomendada apenas para quem tem mais de uma frente de trabalho e pode considerar interessante verificar esse equilíbrio na distribuição das atividades. O uso de cores não é necessário – é apenas um recurso que pode auxiliar, caso seu trabalho (ou sua vida) demande esse tipo de separação.

LISTAS DE TAREFAS

É importante que você utilize uma ferramenta em formato de lista que sirva para organizar os seus afazeres de modo geral.

	06:00 – 07:30 (trajeto Bradesco)	
	07:30 – (organização da sala)	
	08:00 – 17:00 Treinamento Daniel – Bradesco	
		09:00 – 10:00 (em trânsito)
		10:00 – 11:00 Visita apartamento Penha
11:00 – 12:30 Revisão semanal		**11:00 – 15:30** Visita apartamentos
		15:30 – 16:30 (em trânsito)
	17:00 – (organiz da sala)	
	17:30 – 18:30 (percurso de volta)	
	18:30 – 19:30 Reunião com Renata sobre capacitação	
	19:30 – (em trânsito)	**19:30 – 21:00** Reunião de webmarketing
	20:00 – 22:00 Shopping com o Ande	
	22:00 – (em trânsito)	

Coluna 1
- 06:30 – 07:30 (acordar, me trocar etc.)
- 07:30 – 08:30 (trajeto Aftero Lab)
- 08:30 – (organização da sala)
- 09:00 – 17:30 Treinamento Daniel – Aftero Lab
- 17:30 – (organiz da sala)
- 18:00 – 19:30 (em trânsito)
- 20:00 – 23:30 Shopping + Cinema

Coluna 2
- 11:30 – 13:00 Viagem para Campinas
- 13:00 – 15:00 Shopping (almoço + Claro)
- 16:00 – 17:00 (Cancel) Podcast com Cintia do Vida de Trainee
- 17:00 – 18:00 Reunião com Cris
- 18:00 – 22:00 Trabalhar
- 22:00 – (jantar)

Coluna 3
- 09:30 – 10:00 Reunião com Daniel
- 11:00 – 12:30 Viagem para SP
- 16:00 – 18:00 Brasil X Colômbia

Coluna 4
- 07:00 – (acordar, me trocar etc.)
- 07:30 – (em trânsito)
- 08:00 – 12:00 [CALL DANIEL] Checkpoint projetos 2014
- 12:00 – (em trânsito)
- 13:00 – 15:00 Jogo da Argentina
- 17:00 – 19:00 Holanda X Costa Rica

Existem diversas ferramentas gerenciadoras de listas. Você pode organizar suas listas em um caderno ou fichário, ou pode buscar meios eletrônicos.

As listas de afazeres conterão tudo aquilo que precisa ser feito, no entanto, não entra na agenda. Minha recomendação é que você crie a seguinte estrutura dentro de um aplicativo gerenciador de listas:

- Tarefas (para ações avulsas)
- Rotinas (para ações recorrentes)
- Projetos (para entregas)
- Objetivos (para metas)
- Checklists (para verificação)

A maioria dos aplicativos gerenciadores de listas permite que você atribua uma data para a conclusão das atividades. Procure usar esse recurso com parcimônia. Forçar datas pode mais sobrecarregar que ajudar. Mantenha os prazos apenas nas tarefas que necessariamente tenham um prazo.

A diferença entre as tarefas pontuais que entram em uma agenda para as tarefas que entram em um aplicativo de tarefas é que as tarefas pontuais na agenda precisam ser feitas em um dia ou horário específico. As tarefas que entram na lista de tarefas, mesmo que tenham um prazo, podem ser antecipadas. Isso é uma noção importante, que afeta o seu foco diário. Se você conseguir concluir tudo o que tiver de ser feito hoje, por exemplo, pode adiantar o que tem prazo para amanhã, depois de amanhã etc. Não que isso seja necessariamente uma meta diária, mas com o tempo pode ser que lhe agrade antecipar atividades dessa forma, pois assim você liberará espaço nos dias seguintes.

A lista de tarefas deve conter apenas ações avulsas, que não sejam relacionadas a projetos, rotinas ou objetivos. Esse tipo de organização pode inclusive facilitar a priorização na hora de executar determinados tipos de atividades. Uma sugestão de priorização diária seria:

1 Trabalhar no que está na agenda.

2 Nos intervalos entre os compromissos da agenda, trabalhar no que está no seu programa de gerenciamento de tarefas, na seguinte ordem:

- a. Tarefas relacionadas a objetivos e metas
- b. Tarefas de projetos
- c. Tarefas de rotina
- d. Tarefas avulsas
- e. Verificar checklists

Essa priorização permitirá que você trabalhe em suas prioridades.

Obviamente, os dias não são perfeitos e ideais, e pode ser que você não consiga, muitas vezes, sequer sair do que está na agenda, conseguindo, quando muito, concluir o que se propôs ali. Por isso vamos falar, no próximo capítulo, sobre técnicas para que você organize e planeje a sua rotina, de modo que consiga priorizar o que for mais importante.

O problema da lista de tarefas do dia

Uma das dicas de produtividade mais comuns é: "faça uma lista com as tarefas do dia". É compreensível. Listar tudo o que você precisa fazer hoje é quase terapêutico e tem efeito de alívio imediato. Traz a sensação de que nada será esquecido e de que o que precisa ser feito está sob controle.

Essa prática, porém, quando feita isoladamente (ou seja, sem conciliar com outras técnicas de produtividade), pode apresentar alguns problemas:

1 O que você escreve nessa lista fatalmente conterá itens de diferentes naturezas. Você com certeza listará coisas que precisa fazer, mas também listará pendências de terceiros.

2 Dentro daquilo que precisa fazer, talvez o primeiro passo não esteja claro.

3 As diversas tarefas também podem estar sem ordem de prioridade ou prazo, formando um imenso grupo de coisas que simplesmente precisam ser feitas (e a lista do dia seguinte contribuirá para o aumento do volume).

4 Essa lista foi quase um "desabafo", apenas isso, e não expressa com clareza o que você precisa fazer. Muitas vezes, ela pode conter afazeres como "evento no mês que vem" ou "viagem de férias".

5 E, do meu ponto de vista, o problema mais grave: uma lista como essa força você a ver apenas o que é imediato. Diante de tantas coisas a fazer listadas, fatalmente você trabalhará no que for mais urgente ou estiver gritando mais alto, e deixará de lado tarefas importantes. Você perde perspectiva. Acaba sendo reativo(a). Você se mantém ocupado(a), mas não necessariamente produtivo(a).

A gente não precisa só de controle. Precisa de controle, perspectiva e foco apropriados.

Listas diárias de tarefas funcionam em curto prazo, mas se tornam insuficientes com o passar do tempo. Fazer uma lista diária de tarefas é apenas a cereja do bolo de todo um processo de produtividade que você deve ter por trás. Fazer essa lista isoladamente não resolverá o seu problema de maneira sustentável. Não tem como você deixar "a vida te levar" e, quando a situação "apertar", fazer uma lista. Isso é um comportamento que denuncia as pessoas que vivem sob as prioridades de terceiros. O que estou propondo é que você assuma o controle da própria vida, senão as suas prioridades não sairão do papel, porque elas nunca serão "urgentes".

É saudável e recomendável tirar da mente o que o estiver preocupando ou o que você lembra que tem de coisas para fazer. Mas não basta apenas tirar do papel e sair executando as coisas da lista sem critério. O que a gente vai aprender agora é como categorizar cada um desses itens para que você execute com um pouco mais de propósito mesmo.

A recomendação é a seguinte:

1 Tudo o que você precisar fazer e que precise ser realizado em um dia ou em um horário específico, você deve inserir na sua agenda. Se for uma tarefa recorrente (ou seja, que precise ser feita toda sexta-feira, por exemplo, ou todo dia 15), você pode inserir a recorrência ao incluir o evento no seu calendário eletrônico. Se você usar agenda de papel, minha recomendação é que use post-its para essas tarefas e, assim que concluir uma, já mude o post-it para o outro dia apropriado. Diariamente, priorize o que estiver em sua agenda antes de fazer qualquer outra atividade. Lide com as interrupções sempre que acontecerem e, na sequência, volte para a sua agenda até concluir o que estiver ali.

2 Tudo o que você precisar fazer quanto antes, que tenha prazo ou não, deve entrar em uma lista de tarefas. Trabalhe nas suas tarefas nos intervalos entre os compromissos da sua agenda (por exemplo: no intervalo entre uma reunião que acabou às 10 horas e o início de outra às 15 horas) ou quando concluir todas as tarefas que estavam na agenda para concluir naquele dia. Quando terminar, verifique o que há de tarefas com prazo para o dia seguinte e adiante o que puder.

3 Verifique suas checklists, especialmente aquelas referentes a rotinas e tarefas recorrentes diárias, para garantir que tudo o que você costuma fazer esteja de fato sendo feito.

4 Se suas tarefas forem muito grandes, tente quebrar em pedaços menores. A maioria dos aplicativos de tarefas permite que você crie subitens, estabelecendo uma hierarquia de passos até a conclusão da tarefa maior. Você pode usar essa técnica para tarefas maiores ou mais "chatas", sobretudo se as tiver procrastinando.

5 Verifique o que pode ser delegado a outras pessoas. Organize as tarefas delegadas em uma lista chamada "follow-up", "pendências de terceiros" ou "aguardando" nesse mesmo aplicativo de tarefas.

Seja como for, sua vida é legal demais para que você resuma tudo o que precisa fazer em uma única lista de tarefas. A organização adequada dos itens em compartimentos certos facilita muito o armazenamento, a revisão e a escolha de execução quando você efetivamente estiver em seu ambiente de trabalho fazendo o que precisa ser feito.

As três tarefas mais importantes do dia

As três tarefas mais importantes do dia são aquelas que, se se realizadas, podem dar seu dia como satisfatoriamente produtivo. Se você chegar ao final do dia e se perguntar: "O que eu gostaria de ter feito para dizer que o dia rendeu?", a resposta para essa pergunta devem ser as suas três tarefas mais importantes – ou MITs (*most important tasks*).

Você terá outras coisas para fazer, é claro. Porém, as três tarefas mais importantes devem ser realizadas com prioridade. Você pode até trabalhar primeiro em uma delas antes de verificar seus e-mails pela manhã, por exemplo.

Uma vez por dia, idealmente no dia anterior, verifique as tarefas que precisará executar no dia seguinte e veja, entre elas, quais seriam as três mais importantes. Você pode sinalizar como quiser – com uma estrela, com marca-texto etc. O importante é que elas fiquem claras para você. Ao chegar ao trabalho, no dia seguinte, concentre-se nessas tarefas.

Com o tempo, você poderá ir além e determinar que pelo menos uma das três tarefas mais importantes está relacionada a um objetivo seu.

Examine suas listas de tarefas e determine as três mais importantes que você precisa fazer hoje. Sei que você precisa fazer muitas coisas hoje – apenas determine as "top 3" e trabalhe nelas primeiro.

Como organizar tarefas recorrentes

Tarefas recorrentes são aquelas que precisam ser realizadas com determinada frequência: todo dia, toda semana, todo mês, toda sexta-feira, todo dia 15 etc.

É importante analisar cada item que você considera recorrente, pois o "onde organizar" vai depender muito da natureza desse item.

Existem três maneiras de organizar tarefas recorrentes:

- Agenda: se a tarefa precisa ser feita em um horário recorrente (exemplo: aula na academia ou tomar um remédio) ou em um dia recorrente (exemplo: toda sexta-feira ou todo dia 15), você deve inserir na sua agenda com a recorrência adequada (esse é um recurso que se aplica apenas a agendas eletrônicas). Uma vez que você insira o evento com recorrência, não precisará mais se preocupar com ele, pois será lembrado sempre que a ocasião surgir novamente em sua agenda.
- Lista de tarefas: praticamente todos os aplicativos que gerenciam tarefas permitem a criação de tarefas recorrentes (pesquise como isso pode ser feito no seu). Você inserirá nesta lista, e não na agenda, as tarefas que precisa fazer com determinada recorrência, mas não em um dia ou horário específicos – pode adiantar, mesmo que tenham prazo. Um exemplo do meu próprio trabalho: escrevo diariamente e produzo conteúdo para meus canais na internet. Apesar de esses conteúdos terem prazos, posso produzi-los antes e já deixá-los prontos, agendados. Não preciso necessariamente escrever ou produzir esse conteúdo no dia em que será publicado. Pode ser que você tenha tarefas semelhantes.
- Checklists: são listas de referência em que você nunca marca as tarefas como itens concluídos – elas servem apenas para você

conferir se aquilo que costuma fazer no piloto automático está sendo feito de fato. Você pode inserir essas checklists em seu aplicativo de tarefas preferido ou mesmo em um caderno. Existem itens, como "escovar os dentes" ou "tomar vitaminas", que você já faz automaticamente, todos os dias. Não precisa ser lembrado(a), pois já são hábitos e você executa naturalmente. No seu trabalho, pode ser que você tenha tarefas assim, como "verificar e-mails" ou "analisar informações no banco de dados X". As checklists não são lembretes de coisas a fazer (o que você precisa ser lembrado para fazer deve entrar na agenda ou na lista de tarefas), mas listas que você usa como referência, apenas para "bater o olho" e verificar se o que costuma sempre fazer está mesmo sendo feito – se não está esquecendo de nada. Checklists são muito úteis para procedimentos, processos, mas também pode ajudar a cumprir tarefas recorrentes ou de rotina.

Quando escrevi anteriormente que cada item que você considera uma tarefa recorrente deve ser analisado individualmente para que possa organizá-lo no local mais adequado, é porque para cada pessoa ou momento da vida esse item pode precisar estar em um lugar diferente. Se for algo novo na sua vida, talvez você precise ser lembrado para fazê-lo até se tornar algo automático, quando finalmente poderá mover o item para uma checklist para verificação, apenas. Nada na nossa organização pessoal é estático. Tudo é um processo que precisa ser revisado regularmente e atualizado de acordo com as nossas necessidades.

E-mail e mensagens

Os e-mails são documentos e mensagens que podem trazer demandas. É importante escolher um programa eficiente para gerenciar esse fluxo de mensagens. É possível que você tenha em sua vida diversos canais, além do e-mail, por onde chegam mensagens para você, tanto pessoais quanto profissionais.

Existem algumas recomendações quando se trata da organização dos e-mails de maneira geral.

A primeira delas é que você reduza a quantidade de caixas e contas de e-mail para o mínimo necessário ou, se possível, use uma ferramenta que agregue diversas contas em uma única caixa de entrada. O objetivo é reduzir a quantidade de lugares para sua verificação diária. Ferramentas como o Microsoft Outlook realizam esse tipo de agrupamento com facilidade.

A segunda recomendação é que você seja criterioso(a) com a criação de pastas de e-mails e com o que você armazena nessas pastas. Nem todo e-mail precisa ser guardado. Se você puder encontrar essa informação facilmente em outro local, delete o e-mail. Deixe para guardar no e-mail apenas informações relevantes nesse meio, como confirmações de pessoas, definições e mensagens relacionadas. Quanto à organização das pastas, o ideal é que você utilize palavras-chave dedutivas para os assuntos e evite uma grande hierarquização com subpastas. Sempre que possível, mantenha sua hierarquia simples e visível.

A terceira recomendação é com relação à sua caixa de entrada. O ideal é que ela seja apenas uma caixa de transição para mensagens que ainda não foram lidas, mas não para armazenar pendências (suas e de outras pessoas). Recomendo que você crie pastas específicas para tudo aquilo que demandar ação; por exemplo:

- FAZER (tarefas)
- LER (textos longos)
- ACOMPANHAR (follow-up)

A primeira pasta (FAZER) deve ser verificada diariamente. A segunda pasta (LER) pode ser verificada uma vez por semana, quando você puder dedicar um tempo para ler os textos (nada urgentes) que estiverem ali. E a terceira pasta (ACOMPA-NHAR) pode ser verificada toda quinta-feira, para cobrar quem tiver que ser cobrado, de modo que a pessoa ainda tenha até sexta (antes do final de semana) para lhe dar retorno. É claro que, dependendo da demanda do seu trabalho, você pode precisar verificar essa pasta com maior ou menor frequência.

Continuando com a recomendação para a caixa de entrada, a ideia então é que você possa esvaziá-la pelo menos uma vez por dia, alocando os e-mails nessas diferentes pastas (tanto de arquivo quanto em pastas de pendências que você precisa resolver).

A quarta recomendação é que você planeje frequências de leituras para a sua caixa de e-mails, em vez de trabalhar com ela aberta o dia inteiro. Obviamente, depende muito da natureza das mensagens que você recebe. Se você trabalha atendendo a clientes ou a chamados, pode ser necessário ter a caixa aberta o dia todo. Se, no entanto, você não tem essa necessidade, recomendo que verifique o seu e-mail de tempos em tempos, porém, quando não estiver verificando e-mails, feche o programa e concentre-se em outra atividade. A ideia aqui é não permitir que cada notificação de novo e-mail o distraia do que está fazendo. Existem alguns estudos que afirmam que, uma vez distraídos, demoramos mais de 20 minutos para retomar a concentração.

O ideal é que você mesmo(a) defina qual a melhor frequência de leituras, mas uma orientação pode ser a seguinte:

- Verificar rapidamente o e-mail quando chegar ao trabalho para ver se tem algo que precise de resposta imediata. Se não tiver, trabalhar em outras prioridades.
- No meio da manhã, fazer uma nova verificação com o mesmo propósito.
- Depois do almoço, dedicar um tempo para ler cada um dos e-mails e alocar nas pastas apropriadas (especialmente aqueles que demandem um tipo de ação da sua parte).
- Antes do final do expediente (por volta de uma hora antes), uma nova verificação.

Lidando com correspondências

Uma boa prática que procuro manter é a de "zerar" todas as minhas caixas de entrada diariamente, o que não significa resolver tudo o que recebi ali, mas apenas esclarecer o que cada item significa, responder aos imediatos e alocar o que preciso fazer (e leva mais tempo) em um local mais apropriado (ou em uma agenda ou em minha lista de tarefas).

Caixa de entrada

Uma caixa de entrada é um local de transição, no qual você captura informações, ideias, anotações diversas ao longo de um dia de trabalho. Você pode ter um caderno que funcione como caixa de entrada, ou até mesmo usar uma caixa física para itens avulsos em papel. As caixas de mensagens, onde você recebe e-mails e outros tipos de notificações, também são consideradas caixas de entrada. Uma boa prática é esvaziar essas caixas diariamente.

Quando abro uma caixa de mensagens, meu processo é o seguinte:

1 Clico na primeira mensagem (a mais recente)

2 Verifico se demanda algum tipo de ação da minha parte

3 Se não demanda, apago ou arquivo (se precisar guardar)

4 Se demanda ação, procedo da seguinte maneira:

- Resolvo na hora, se for rápido (uso a Regra dos dois minutos do método GTD, que significa que, se algo pode ser feito em até dois minutos, devo fazer na hora,

mesmo que seja de baixa prioridade, pois já tiro essa demanda da frente)
- Delego para outra pessoa (se puder)
- Insiro em minhas próprias listas de afazeres (se eu precisar fazer, mas não exatamente naquele momento)

Se você não quiser inserir manualmente em sua lista de afazeres que pode estar em outro local (que não no e-mail), você pode usar a pasta FAZER, como recomendei anteriormente. Tudo depende da sua necessidade ou vontade de administrar seus e-mails em um único local. Avalie.

Executo esse procedimento com todas as mensagens e muito rapidamente consigo esvaziar todas as minhas caixas de entrada. Recebo uma média de 600 mensagens por dia e ainda assim consigo esvaziar as caixas diariamente, porque tenho um processo que me permite fazer isso com muita agilidade.

O que acontece é que, quando acessamos nossos e-mails, é muito comum nos mantermos no "momento ocupado", quase "abduzidos", porque os e-mails têm de fato essa tendência. No entanto, precisamos ficar atentos para não perder o dia inteiro ali, mesmo porque existem outras atividades que demandam a nossa atenção e também precisam ser feitas.

Por isso, utilizo esse fluxo do método GTD, que me ajuda rapidamente a decidir o que fazer com cada uma das mensagens. Resolvo na hora apenas o que é muito rápido (leva menos dos dois minutos). Tudo o que leva mais tempo do que isso, ou delego para outra pessoa (se for mais apropriada para executar) ou aloco em minhas listas para fazer no momento mais apropriado para mim. Isso pode ser na agenda ou em listas de tarefas. Se você entendeu o que entra em cada um desses dois compartimentos, ficará fácil decidir.

FREQUÊNCIA DE LEITURA E NOTIFICAÇÕES

Um ponto importante a ser levado em consideração é a frequência de leitura de e-mails e mensagens. Não deixo (e não recomendo deixar) nenhum tipo de notificação habilitada, sobretudo no celular. Notificações nos distraem e nos sobrecarregam. A proposta aqui é que você tenha momentos em que decida acessar essas caixas de mensagens e, nesses momentos, decida que terá um engajamento apropriado para realizá-las. Você não fará isso apenas porque alguém lhe enviou a mensagem. Percebe a diferença? Você determina o seu tempo e o seu ritmo.

São dois os tipos de verificações que recomendo para lidar com as suas mensagens.

O primeiro tipo é o processamento da caixa em si. Para essa atividade, recomendo que você dedique alguns momentos ao longo do seu dia para acessar a caixa e processar seguindo o que recomendei há pouco, zerando sua caixa de entrada. Algumas pessoas gostam de dedicar blocos de tempo para esse tipo de atividade. Faço espontaneamente, ao longo do dia, embora prefira fazer na parte da tarde, depois que já trabalhei em outras atividades mais importantes.

O segundo tipo é a verificação de urgências. Ao longo do dia, você pode verificar suas caixas de entrada (e-mails e outras mensagens) apenas para garantir que nada urgente fique pendente até que você processe a caixa como um todo. Por exemplo, verifico, ao longo da minha manhã, em pequenas pausas no meu trabalho, se existem mensagens urgentes. Caso existam mensagens de fato urgentes (analiso se é urgente ou não), não deixo a pessoa sem resposta. Contudo, são exceções. Não perco o meu dia respondendo a mensagens, e isso é importante, pois faz com que a gente não se torne refém das urgências dos outros. Então considero essa verificação ao longo do dia importante, mas sei que ela é de uma natureza diferente da que tenho quando de fato sento para esvaziar as caixas de entrada no meu computador.

> Se você recebe um fluxo muito grande de mensagens, pode ser que precise aumentar a frequência de leitura das suas caixas ao longo do dia. Essa percepção é importante para que você não marque muitos agendamentos e se permita ter esse tempo livre ao longo do dia para lidar com as mensagens.

Veja abaixo como é a minha rotina de verificação e resposta a mensagens:

- Não deixo nenhuma notificação ligada no meu celular, a não ser para chamadas recebidas. Todos os aplicativos de mensagens ficam sem as notificações ativadas, pois notificações distraem e atrapalham.
- Tenho períodos do dia (espontâneos, em geral quando termino alguma outra atividade) em que paro e verifico minhas mensagens, para garantir que não tenha nada que precise de uma resposta minha imediata. Se eu tiver tempo, posso processar algumas delas. Se não, apenas bato o olho para ver se tem algo urgente – se tiver, respondo na hora; se não tiver, respondo mais tarde.
- Esvaziar cada uma das caixas uma vez por dia me deixa satisfeita. Minha política interna é responder às pessoas em até 24 horas. Se uma mensagem entrou depois que zerei a minha caixa e estou focada em outra atividade, não me cobro responder, a não ser que seja urgente. Deixo para o dia seguinte.

> Se você tiver um volume muito grande de mensagens, uma dica que pode funcionar é começar processando (e respondendo) os e-mails e as mensagens do dia anterior, para garantir uma resposta mais rápida a quem está esperando há mais tempo. O ideal é processar tudo e esvaziar as caixas de entrada, mas nada impede que você responda aos e-mails e às mensagens mais antigas (de ontem) antes. Muitas vezes, quando tenho dias mais cheios de compromissos, faço dessa forma, mas nunca deixo de esvaziar as caixas como um todo, depois de responder às mensagens do dia anterior.

Mensagens são muito importantes para o meu trabalho, mas tenho outras atividades que são tão importantes quanto e que precisam da minha atenção também. Se eu mantiver as notificações ligadas ou trabalhar com a caixa de e-mails aberta o dia inteiro, não conseguirei me concentrar em outras atividades que preciso fazer. Por isso prefiro acessar essas caixas em momentos diversos ao longo do dia, mas mantê-las inacessíveis enquanto estou trabalhando em outra coisa.

Quando mantemos as notificações ativadas em nosso computador ou celular, estamos deixando que outras pessoas (ou uma máquina) nos digam o que fazer e em que momento. Como não quero isso para mim, mantenho as notificações desligadas e controlo o uso que faço do meu tempo.

Como organizar mensagens diversas

É importante levar em consideração que ferramentas que recebem mensagens são como a ferramenta de e-mails: apenas mensagens que chegam e que não devem ficar na "entrada", porque a entrada não é um local para armazenamento, mas um local de transição. Por isso, existem duas recomendações que trarei aqui para mensagens de modo geral:

1 Habitue-se a lidar com a mensagem uma vez e definir o que fazer com ela, de modo que não tenha que ficar verificando cada uma para saber o que deve ser feito. O que quero dizer é: se alguém solicitou algo para você via mensagem, não confie na sua verificação de mensagens para garantir que essa tarefa será executada. Passe para a sua agenda ou para a sua lista de tarefas, de acordo com a natureza da atividade, e depois "arquive" a mensagem para que ela não fique pendente em sua caixa de entrada.

2 Procure desligar as notificações de novas mensagens. Isso vale para e-mails também. A ideia é que você verifique todas as suas caixas de mensagens com determinada frequência, escolhida por você e não por um dispositivo. Falarei mais sobre isso na próxima página.

Uma recomendação padrão é reduzir a quantidade de caixas de mensagens a um número necessário para você. Conheço muitas pessoas que deixaram algumas redes sociais, por exemplo, apenas porque não conseguiam lidar com o fluxo de mensagens e notificações que recebiam por ali. Esse pode ser um bom parâmetro para você considerar entrar ou não em uma nova rede social.

DICAS ESPECÍFICAS PARA E-MAILS

Enviar e-mail se tornou quase a forma de comunicação oficial entre as pessoas, especialmente no ambiente de trabalho. Apesar de as redes sociais agilizarem esse processo, muitas empresas ainda não adotaram esse meio de comunicação, então o e-mail acaba sendo o canal mais utilizado. Isso, por um lado, diminui o número de telefonemas (o que é bom), mas, por outro, faz com que, se deixar, a gente trabalhe o dia inteiro apenas respondendo a e-mails (o que é ruim). Com uma demanda tão grande, é supernecessário aprendermos boas práticas pensando sempre em facilitar para o outro que está recebendo, a fim de que a nossa resposta seja mais ágil também. Essas são as melhores práticas que, a meu ver, funcionam:

1 Seja o mais específico possível no assunto. Nunca, nunca, nunca envie um e-mail sem assunto ou algo genérico como "Queria pedir uma coisa". Coloque o assunto da melhor maneira possível, como "Envio do relatório X da empresa Y" ou "Agendar reunião dia tal". Ao usar termos específicos no assunto, você faz com que a pessoa saiba imediatamente do que se trata e isso pode fazer com que ela dê mais importância ao seu e-mail (que, em outros casos, poderia passar despercebido). Além disso, facilita a busca futura por esse e-mail, caso você precise buscá-lo na pasta de e-mails enviados (e a pessoa também).

2 Não envie e-mails com anexos gigantescos. Algumas pessoas têm limite em sua caixa de entrada e seu e-mail enorme ou pode não ser recebido ou pode simplesmente fazer com que ela não receba mais nenhum e-mail depois do seu. Se precisar enviar algum arquivo grande, coloque-o em algum serviço na nuvem e envie o link para a pessoa fazer download.

3 Não envie e-mail com "urgente" no assunto. Urgente é tudo aquilo que deveria ter sido feito em tempo hábil e você quer fazer em tempo recorde. Independentemente de a demanda desorganizada ter partido de você ou não, jogar o urgente para cima de outra pessoa é errado. Se é urgente, contate a pessoa de modo mais ágil, como telefonando ou enviando uma mensagem via WhatsApp. Se não é tão urgente que demande esse contato mais próximo, não coloque o assunto urgente no e-mail.

4 Não "avise" a pessoa que você enviou um e-mail para ela. A caixa de entrada já mostra os e-mails novos – o seu e de mais um monte de gente, alguns (pasme) mais importantes que o seu. Não adianta enviar um e-mail para a pessoa e ligar na sequência perguntando "você viu meu e-mail?" ou enviar mensagens via WhatsApp ou Facebook dizendo "te mandei um e-mail". Se é urgente, ligue. Se não for urgente, a pessoa vai responder no tempo dela. Cobrar leitura de e-mail é desagradável e desnecessário. Já recebemos muitas informações, cobranças e demandas diariamente. Imagine se todo mundo que nos envia e-mail fizesse isso!

5 Não envie e-mails que não são claros. Sei que, hoje em dia, todo mundo tem pressa e pouco tempo para escrever e-mails que expliquem detalhadamente o que precisa ser feito. Contudo, eles precisam ter o mínimo de coerência. Antes de clicar em "Enviar", revise seu e-mail para verificar se ele está sendo claro e solicitando exatamente aquilo de que você precisa. Muitas pessoas acabam fazendo o trabalho errado ou tendo retrabalho apenas porque não entenderam o que foi pedido. E não adianta colocar a culpa no coitado – se comunicar é se fazer entender. Se as pessoas não entendem o que você solicita, aprenda a ser mais claro. Mas cuidado com o excesso de didatismo!

6 Uma vez por semana, cheque sua pasta antispam. Muitos e-mails podem acabar indo erroneamente para essa pasta, o que pode deixar clientes (geralmente são as pessoas de fora da organização ou que nunca lhe enviam e-mails que sofrem com isso) sem resposta. Tenha a prática de verificar, ao menos uma vez por semana, essa pasta, dependendo do volume de e-mails que você recebe diariamente. Não seria nada legal perder um cliente importante só porque o e-mail dele foi considerado spam pelo seu programa de e-mails.

7 Não peça favores a pessoas que não são do seu convívio. Nada pior que receber um e-mail de alguém que você não conhece (ou conhece muito pouco) e que lhe solicita algo. Nesse caso, se precisar de algo, telefone, estabeleça outro tipo de contato mais próximo com a pessoa antes de pedir. Ou, então, peça a alguém que os apresente (via e-mail mesmo, em cópia). Nunca envie um e-mail diretamente dizendo que você é o Fulano e está precisando de determinada coisa. É chato se relacionar e responder à demanda de gente que você não conhece.

8 Não faça solicitações diferentes em um mesmo e-mail. Às vezes, a pessoa que o recebe pode tratar de uma solicitação, mas, com relação à outra, ela precisará encaminhar o e-mail à pessoa responsável. Isso complica o trabalho dela, pois terá de praticamente reescrever o e-mail com a outra solicitação. Peça uma coisa por e-mail. Não precisa "aproveitar" o espaço. Quanto mais objetivo um e-mail for, melhor.

9 Não responda a um e-mail sobre um assunto com outro. Isso é uma continuação da prática anterior. Se precisa solicitar algo diferente, não diga "Aproveitando, queria pedir aquela OUTRA coisa...". Envie OUTRO e-mail sobre aquela OUTRA coisa, ou ao menos altere o assunto do e-mail.

10 Não espere que as pessoas tenham a mesma frequência de leitura de e-mails que você. Algumas pessoas recebem 10 e-mails por dia, enquanto outras recebem 100 ou mais. Se apenas respondermos a e-mails, nossa vida se resumirá a isso. Para priorizar outras atividades importantes, o e-mail provavelmente será lido com determinada frequência. Se o assunto demandar uma resposta em até 24 horas e você não a receber nesse tempo, contate a pessoa de outra forma. Por favor, não reenvie o e-mail novamente como se a pessoa fosse boba e não tivesse lido (isso é extremamente irritante), ou então escrevendo "você recebeu este e-mail?". Sim, ela recebeu – apenas não conseguiu respondê-lo ainda. Se você precisar da resposta, ligue, mande mensagem. Não envie outro e-mail. No geral, a maioria das pessoas responde entre 24 e 48 horas a qualquer e-mail com demandas. Se não for demanda, deixe a pessoa responder dentro das prioridades dela.

11 Em contrapartida, se você recebeu um e-mail com uma demanda e sabe que não conseguirá responder rapidamente, é de bom-tom ser sincero(a) e responder exatamente isso: "Fulano, recebi seu e-mail, mas só conseguirei responder em X tempo". É um retorno.

12 Não envie confirmação de leitura. Isso já virou até falta de educação. As pessoas leem e respondem aos e-mails no tempo delas. Uma boa exceção a este caso é quando for enviado um arquivo anexo, que realmente precisa de confirmação de recebimento. Use com sabedoria.

13 Mantenha sua assinatura em formato de texto, não de imagem. Muitos programas de e-mails bloqueiam imagens ou precisam que você clique para baixar os anexos ou exibir as imagens para que elas apareçam. Não faça isso com a coisa mais importante do e-mail – sua assinatura com informações de contato. Especialmente se você trabalha com vendas ou assessoria de imprensa, tome cuidado com esse ponto. Uma assinatura bonita que não é prática não adianta nada. Caso a empresa em que você trabalha obrigatoriamente use uma imagem como padrão, você pode inserir as mesmas informações em formato de texto também, para facilitar.

Pequenas atitudes que podem fazer do mundo dos e-mails um mundo mais colorido e melhor de se conviver.

WHATSAPP E APLICATIVOS DE MENSAGENS DE MANEIRA GERAL

WhatsApp, Telegram e outros aplicativos de mensagens, do meu ponto de vista, são apenas caixas de entrada que, como as caixas de entrada de e-mails, por exemplo, precisam apenas ser zeradas diariamente.

Quando "processo" uma mensagem no WhatsApp, a arquivo (basta arrastar a mensagem para o lado), deixando assim na entrada apenas as mensagens que ainda não foram processadas ou as novas, que ainda não foram lidas. Isso me ajuda a não perder nenhuma demanda que chegue através do WhatsApp, que utilizo muito para trabalho.

Um truque que me ajuda bastante é ter o WhatsApp no computador. Você pode baixar a versão do aplicativo para acessar pela sua máquina, e não apenas pelo celular, pois, para mim pelo menos, fica mais fácil de responder. Quando vou dedicar tempo para verificar as mensagens, faço da mesma forma que faço com e-mails, no meu computador. Isso me tira do "modo de verificação" no celular, que acho um hábito terrível.

Você sabe como se comunicar com as pessoas hoje em dia? Seguem as minhas recomendações pessoais e que tenho recolhido como "bom senso" em ambiente corporativo e com diversos profissionais.

- Se o assunto for uma ideia, uma dúvida (curiosidade) ou demanda uma conversa mais íntima, converse pessoalmente.
- Se o assunto, seja qual for, puder esperar até 48 horas, envie por e-mail.
- Se o assunto, seja qual for, puder esperar até 24 horas (até o dia seguinte), envie uma mensagem.
- Se o assunto for urgente e não puder esperar, telefone. Se a pessoa não puder atender, aguarde o retorno dela. Ela provavelmente está ocupada e não poderá atender se você ligar duas ou três vezes na sequência.

BOAS PRÁTICAS PARA O USO DE MENSAGENS

- Procure enviar mensagens de texto, não de áudio. Gravar áudio no WhatsApp ou no correio de voz é prático para você, mas não para o destinatário, pois, muitas vezes, sua conexão não permite baixar o arquivo de áudio ou simplesmente ele não poderá ouvi-lo tão cedo. Se precisar enviar arquivos de áudio, explique antes em formato de texto do que o áudio trata, para que a pessoa avalie se deve ouvir naquele momento ou não.

- Não envie confirmação de leitura no e-mail. Isso mostra que você não confia na pessoa que recebeu e espera uma resposta.
- Não envie assuntos "urgentes" por e-mail ou por qualquer outro meio que dependa da disponibilidade da pessoa de acessar a internet, ler, ter tempo etc. Se for caso de vida ou morte, telefone.
- Se a pessoa não atender à sua chamada, não fique retornando em seguida. Ela pode estar em uma reunião, no hospital, concentrada, enfim, impossibilitada de atender.
- Se você não conseguir retornar para a pessoa em até 48 horas via e-mail, justifique-se.
- Se estiver ausente e não conseguir ler seus e-mails durante 48 horas, crie uma mensagem de resposta automática.

Ferramentas de brainstorm

Existem diversas ferramentas que você pode usar para facilitar o seu processo de brainstorm. "Brainstorm", ou "tempestade de ideias", significa focar um único assunto durante um tempo, a fim de identificar ideias em potencial para aquele tema em questão, sem filtros. Pode ser feito individualmente ou em grupo.

Você pode utilizar as seguintes ferramentas para o brainstorm:

- Post-its na parede
- Mapas mentais
- Quadros-brancos ou lousas

Geralmente essa atividade é feita em ferramentas manuais para que não existam limitações técnicas que bloqueiem o seu pensamento, mas você pode usar outras ferramentas, caso se sinta à vontade.

Papel e caneta

Papel e caneta para anotações: ferramentas indispensáveis. Por mais que a gente queira digitalizar tudo, nada substitui um papel e uma caneta em alguns momentos. Papel não acaba a bateria e, para muitas pessoas, escrever ainda é mais rápido que digitar em um celular. Por isso, é recomendável que você tenha sempre esses dois materiais.

Minha recomendação é que tenha sempre com você um bloco de notas e uma caneta para fazer anotações no dia a dia. Esse bloquinho deverá funcionar como um minidispositivo de "entrada" onde você registrará ideias e informações que não pode perder. Uma vez por dia, revise o que foi anotado e passe para os locais correspondentes:

- Agenda
- Listas de afazeres
- Arquivos

Biblioteca e acervo pessoal

Todas as pessoas podem ter um arquivo pessoal de informações que já não demandem nenhum tipo de ação, mas sejam seu arquivo de referência pessoal. É como se fosse uma biblioteca de consulta, sempre relevante e atualizada, sem deixar acumular artigos que não sejam necessários.

Livros lidos e que você gostaria de manter para consulta entram nessa categoria de coisas, mas podemos falar sobre documentos, arquivos e outros itens relacionados.

Se você trabalha com o seu conhecimento, é possível que tenha uma quantidade considerável de arquivos para armazenar. Arquivos são documentos e materiais em diversos formatos que podemos organizar por assunto. Você provavelmente terá arquivos tanto em formato digital quanto em formato físico, então é importante que tenha ferramentas para gerenciar ambos.

A organização de arquivos, tanto física quanto digital, é um ponto de melhoria para muitas pessoas. A sensação de saber onde armazenar arquivos e, melhor ainda, poder encontrá-los com rapidez e facilidade deveria ser padrão para todo mundo.

Todas as pessoas devem ter um sistema de arquivamento para organizar informações de referência, tanto em formato físico (papel) quanto em formato eletrônico.

Uma orientação que pode funcionar como "regra" é tentar digitalizar o que puder ser digitalizado. Hoje em dia, poucos arquivos precisam necessariamente ser mantidos em formato de papel. Documentos, certidões, dinheiro, carteirinhas, cartões são alguns exemplos. Porém, materiais de referência como apostilas de cursos, matérias de revistas, receitas médicas e muitos outros podem simplesmente ser digitalizados e guardados em formato eletrônico.

Antigamente era mais chato digitalizar qualquer coisa. Hoje em dia, com celulares que possuem câmeras excelentes, isso já não é um problema. O importante é que você escolha bons programas que armazenem seus arquivos. Os mais comuns (durante a escrita deste livro, no início de 2018) são:

- Google Drive
- Dropbox
- Evernote
- Microsoft One Note

Basta baixar um desses aplicativos relacionados em seu celular e começar a armazenar os arquivos.

Outra ferramenta útil são os apetrechos externos. Você pode ter pendrives, CDs e HDs externos. Tudo depende da disponibilidade dos locais em que quer manter seus arquivos. Os aplicativos citados anteriormente possuem uma configuração de armazenamento "na nuvem", o que basicamente significa que ficam armazenados "na internet", e não apenas em sua máquina. Logo, se você perder o celular ou se o seu computador quebrar, os seus arquivos estarão intactos.

Não precisa escolher apenas uma dessas ferramentas. Escolha um conjunto delas para aquilo que você tenha mais necessidade. Por exemplo, gosto de armazenar textos no Evernote, mas prefiro armazenar planilhas e documentos editáveis no Google Drive, pela facilidade de edição e compartilhamento com outras pessoas. Arquivos mais pesados, como fotos e vídeos, prefiro armazenar no Dropbox e no meu HD externo. Faça alguns testes para escolher aquele que melhor funciona para você.

O importante é que você mantenha uma estrutura padrão para todas essas ferramentas, de modo que fique fácil tanto armazenar quanto encontrar qualquer arquivo depois. Minha recomendação, que mais uma vez vem do método GTD, é que você procure evitar hierarquias dentro de pastas (muitas subpastas) e procure manter a organização simples, em ordem alfabética de pastas por assunto. Mais ou menos assim:

Meu Drive ▾

Nome ↑
📁 Consultoria Vida Organizada
📁 Cursos on-line
📁 Cursos Vida Organizada
📁 DAC
📁 David Allen
📁 EaD Box
📁 Enquetes do blog
📁 Equipe Vida Organizada
📁 Escritório
📁 Eventos Vida Organizada
👤 Feng shui e numerologia

Para que você comece a digitalizar seus arquivos, não recomendo que queira fazer tudo de uma vez, a não ser que tenha um volume realmente pequeno. Se tiver bastante coisa, sugiro que faça um pouco por dia, até acabar.

Eis uma lista do que você pode digitalizar:

- Revistas e reportagens que leu e das quais gostou
- Artigos do jornal que gostaria de guardar
- Trechos preferidos de livros (se quiser doá-los depois de ler)
- Manuais de instruções
- Fotos
- Lembranças
- Material escolar antigo
- Textos antigos da faculdade ou de outros cursos que acredita ainda precisar um dia
- Receitas
- Diários e agendas antigos
- Exames médicos
- Notas de reuniões

Há muitos documentos dos quais você pode precisar manter uma cópia digitalizada e o arquivo original em papel, especialmente contratos e documentos pessoais. Para não ter dúvidas, contate o seu contador ou advogado mais próximo para lidar com particularidades.

Personalização das ferramentas

CÓDIGO DE CORES

Uma boa maneira de organizar as suas informações é utilizar código de cores. A única recomendação aqui é: mantenha-as simples. Se você burocratizar muito as suas informações, ficará complicado manter essa organização.

Uma sugestão de código de cores por áreas da vida seria:

- Pessoal: lilás
- Trabalho: azul
- Família: verde
- Estudos: amarelo

Você pode aplicar o código de cores a tudo – da sua agenda aos arquivos. A ideia é ter uma organização visual nítida e que possa ajudar também a verificar o equilíbrio das atividades.

Existem outros códigos de cores que você pode desenvolver, como códigos para marcações em leituras (com canetas marca-texto diferentes) ou até notas adesivadas (como post-its).

Para quem se percebe uma pessoa altamente visual, códigos de cores podem facilitar a organização. No entanto, cores não são um recurso que funciona para todos. Vale a pena testar e, se não funcionar, não usar para evitar complicações.

Ferramentas complementares

O mundo da organização, vira e mexe, traz ferramentas que ficam "na moda", assim como outras que resistem ao tempo. Trago aqui algumas ferramentas que você pode utilizar para complementar a sua organização pessoal, tanto no trabalho quanto fora dele.

Planners: fichários ou cadernos que podem ser personalizados ou não, em diversos formatos, que funcionam muito bem para o planejamento e, em alguns casos, a organização das informações. Muito agradáveis para quem gosta de usar ferramentas em formato de papel, mas o peso a ser carregado diariamente pode ser um fator a se considerar. Uma das coisas mais importantes para as suas ferramentas de organização é que você possa ter acesso a elas sempre que precisar. Portanto, se você não pretende carregar planners pesados com você diariamente, reconsidere. Se isso não for um problema para você, use sem medo!

Bullet journals: criado por Ryder Carroll, o bullet journal é uma maneira simples de usar um caderno e montar uma ferramenta de organização, planejamento e registro completamente personalizada de acordo com as suas necessidades. O bujo (como é carinhosamente chamado pelos seus fãs) pode ser simples ou decorado, de acordo com o que você quiser e tiver disponibilidade para fazer.

Commonplace books: diferentemente dos planners e dos bullet journals, a ideia do commonplace book é ser um caderno único, sem divisórias, onde você registrará, em ordem cronológica, seus aprendizados e as referências que achar interessantes. O propósito é criar "livros pessoais" que você poderá consultar no futuro, como uma maneira de registrar o que aprendeu ou foi referência em determinada época da sua vida. São diferentes dos diários (veja a seguir).

Diários: os diários podem ser analógicos ou digitais. O objetivo é fazer um registro dos seus sentimentos, das atividades concluídas no dia, como foi a sua alimentação e outros registros que você considere interessantes sobre a sua vida de modo geral. Você pode ter um diário para o trabalho, um diário para a sua alimentação, um diário de meditação ou ter tudo isso reunido em um único lugar.

O mais importante de tudo é sempre se lembrar de que ferramentas são apenas isso: ferramentas. Fundamental mesmo é que você entenda como a organização funciona e construa um processo seu, pessoal, em que as ferramentas servirão como apoio, e você conseguirá selecionar aquelas que melhor o atendam.

Um ponto a considerar: a conectividade permanente

O mundo do trabalho tem se modificado tanto nos últimos anos que, hoje, fazemos parte de um universo em que estarmos conectados 24 horas por dia, 7 dias por semana, é considerado o "novo normal". Os limites entre a vida pessoal e a vida profissional estão cada vez mais tênues. Todos andam nas ruas verificando os seus celulares. Aliás, fazemos isso ao acordar e antes de dormir.

A solução seria desligar? Ficar um tempo off-line? Ou seria simplesmente entendermos como funciona esse novo cenário para buscarmos o equilíbrio de acordo com o que queremos e precisamos fazer?

Devemos ficar atentos para pequenas atitudes no dia a dia que demonstram que nos importamos com isso, como:

- Parar com a mania de deixar o celular em cima da mesa do restaurante quando se está almoçando com alguém, mas guardá-lo na bolsa, esquecer-se dele durante um tempo. Concentrar-se na comida, na companhia. Além de demonstrar dependência tecnológica, é falta de educação ficar olhando o celular em uma mesa de restaurante, em companhia de outra pessoa!
- Na dúvida, mexer no dispositivo somente quando estiver sozinho(a).
- Parar com a sensação de necessidade de atender ao celular a todo momento. Antigamente, ninguém tinha celular. Se alguém quisesse falar com você e você estivesse ocupado(a), deixaria um recado para que você retornasse quando pudesse. Exercite isso, até para não acostumar mal as pessoas.
- Parar de baixar todo aplicativo que vir pela frente. Além de encher o seu gadget de tralha, você está gastando dinheiro. Pesquisar sobre os aplicativos e adquirir somente aqueles que realmente queira ou de que precise.

Ficar sem tecnologia é possível, mas será que nos interessa? A tecnologia em si não é nenhuma vilã. Precisamos apenas repensar o uso dela, como na verdade precisamos repensar tudo o que fazemos na vida o tempo todo. É um ajuste contínuo.

Um segundo ponto: a automação de tarefas

Entro em contato diariamente com pessoas que buscam melhorar suas técnicas de produtividade para otimizar o tempo, especialmente no trabalho. É bastante comum a busca por automação, e quero problematizar rapidamente essa questão.

Automatizar o trabalho significa, por exemplo: quando eu concluir uma tarefa, outra automaticamente é gerada em minha lista, para eu fazer. Esse é um exemplo bem prático, mas existem diversos tipos de automações que as ferramentas digitais proporcionam, com seus códigos e logaritmos inteligentes.

O ponto de atenção que quero levantar aqui é o seguinte: ser produtivo não se resume a executar uma tarefa atrás da outra. Cuidado para a automação excessiva não transformar você em um "robozinho de execução". Estamos na era do trabalho do conhecimento; por isso, para executar as "tarefas certas", é fundamental pensar sobre o nosso trabalho. Muita automação pode eliminar esse processo de pensamento, que é fundamental para uma execução com significado.

Antes de automatizar, verifique se seu raciocínio pode realmente ser excluído desse processo. Pela minha experiência, a resposta normalmente é "não".

Sobre prioridades

Vivemos num mundo em que é possível escolher muitos caminhos. É claro que estou falando de pessoas que vivem em uma situação privilegiada, com acesso à internet, morando em um lar e com condições mínimas para fazer acontecer. Se temos essas condições, temos muitas possibilidades. Vemos pessoas começar um negócio na internet e ser muito bem-sucedidas – começando só com uma ideia. Pessoas que se reinventam depois de aposentadas, aos 70 anos. Jovens que, com 26 ou 28 anos, estão fazendo uma terceira faculdade. Tem de tudo.

Nesse mundo onde tudo é possível, onde está o foco? E qual a importância dele? Afinal, foco é a consequência de ter prioridades definidas ou identificadas.

Um conceito que gosto muito é: só se sente sobrecarregado quem não sabe o que precisa fazer. A coisa mais importante a ser feita na vida é definir o seu próprio trabalho. Tudo é questão de foco e prioridades.

Falo tudo isso e pode parecer óbvio, mas, quando paro para pensar nas pessoas à minha volta, não vejo isso acontecendo. Não vejo quase ninguém focado (há poucas exceções). Mesmo as pessoas muito produtivas estão trabalhando sem foco, executando e executando.

Sou a favor da execução. Sou a favor de ir sempre em frente. Apenas me pergunto se vale mais a pena fazer 100 movimentos de 1 passo ou dar 1 passo que equivalha a 100 movimentos. Isso, para mim, é a definição de priorizar.

Todo mundo quer inovar e fazer tantas coisas legais! Isso é louvável! Todo mundo quer pensar fora da caixa e inovar, o que é muito bacana. Mas, muitas vezes, algumas vitórias são perdidas dentro da caixa em si. A pessoa deixa de fazer o básico buscando o extraordinário e, aí, não existem consistência, melhorias e construção real de relacionamentos. Não precisamos dizer qual o futuro de uma empresa ou profissional que faça isso.

E prioridades têm muito disso, não é? Trata-se de fazer a melhor escolha, mesmo que por hoje. Se tivermos uma visão um pouco maior do que buscamos, isso pode ajudar.

Hoje, vejo que não vale a pena começar novas iniciativas quando ainda há muito que aprimorar no arroz com feijão que já existe. Existem coisas bem legais que já coloquei em prática há algum tempo e que, agora, quero não apenas consolidar, mas melhorar e, acima de tudo, curtir. As novas ideias são sempre bem-vindas, mas é importante procurar saber coisas como: "Será que elas condizem com meus objetivos?"; "Têm a ver com quem quero ser daqui a alguns anos?"; "Estão relacionadas com o meu propósito?". E, se sim, são sempre muito bem-vindas, mas serão tocadas com calma, planejamento, qualidade e, acima de tudo, coerência.

Sei que não é fácil decidir estando no "olho do furacão" e quando todas as oportunidades parecem aparecer ao mesmo tempo, mas é importante começarmos a pensar nisso e a dar o primeiro passo. Nosso trabalho é uma construção mesmo.

Como identificar prioridades

Prioritário é tudo aquilo que vem primeiro em ordem, tempo e dignidade. Quando falamos em organização pessoal, priorizar significa tomar decisões significativas e direcionar seus recursos de acordo com o seu foco. Complicado? Nem tanto. Vamos ver como fazer.

No dia a dia, certamente você tem muito a fazer. No calor das situações, fica até difícil reconhecer o que é prioridade. Muitas urgências aparecem, incêndios que você precisa apagar acontecem o tempo todo e imprevistos impactam o seu planejamento. Além disso, as prioridades parecem mudar a toda hora! O que é prioridade no dia 14 não será mais (provavelmente) prioridade no dia 30. Muitas vezes, as prioridades mudam de um dia para o outro! Como manter o foco desse jeito?

Existem muitas coisas que você pode fazer para aumentar sua confiança com relação ao que é prioridade para você. A primeira é controlar o que você faz no dia a dia: suas ideias, os compromissos na sua agenda, a sua lista de coisas a fazer, o que foi delegado para outras pessoas. Ter tudo isso sob controle é o básico para você começar a identificar prioridades. Sem isso, você não conseguirá ter poder de análise, pois tudo voltará ao nível do caos.

Tudo aquilo que você se compromete a fazer são acordos com você mesmo(a). E existem apenas três possibilidades para cada acordo: executar conforme o acordo feito, não executar ou renegociar o acordo. A escolha é sempre sua. Isso serve para tarefas mais pontuais até projetos mais elaborados.

Também é importante, então, você ter uma lista completa de todos os seus projetos em andamento (pessoais e profissionais). Poder verificar uma lista de projetos faz com que você compare um com o outro para analisar o grau de importância de cada um. Essa análise pode ajudá-lo a ver o que deve fazer primeiro, o que deve focar etc.

Veja então os itens da lista a seguir na sua vida para identificar possíveis prioridades entre eles:

- Pegue uma folha de papel e uma caneta e anote aquilo que está na sua cabeça no momento, preocupando você.
- Veja em sua agenda os compromissos importantes que estão por vir e em relação aos quais você precisa tomar providências.
- Analise sua lista de tarefas.
- Veja os papéis que estão na sua pasta, bolsa ou mochila.
- Observe seu ambiente físico no escritório e em casa para ver se algo precisa de providências.
- Faça uma lista de todas as áreas da sua vida: casa, família, estudos, finanças etc.
- Você tem objetivos de curto, médio ou longo prazo? Eles estão se refletindo nas suas tarefas hoje?
- Como você imagina sua vida daqui a dez anos? Em uma linha do tempo de cem anos de vida, onde você está? Liste o que tem feito para chegar aonde deseja.

Para todas as reflexões anteriores, você vai identificar aquilo que precisa (ou quer) resolver agora e aquilo que pode esperar. Lembre-se da frase de David Allen: com organização, você pode fazer tudo o que quiser, mas não ao mesmo tempo. A ideia é começar a tomar providências para tudo aquilo que você precisa ou quer fazer agora.

Perceba que somente depois de pensar sobre todos esses tópicos é que você consegue identificar suas prioridades atuais. Não dá para definir prioridades se você não sabe tudo o que tem para fazer. É como começar a montar um quebra-cabeça sabendo que uma peça está faltando. Você sabe que algo está errado e sequer fica motivado(a) para começar a montar. Com as prioridades é a mesma coisa.

Saiba como priorizar as atividades diárias

É muito comum ler em reportagens com dicas para organizar tarefas a seguinte recomendação: todos os dias, crie uma lista do que precisa fazer e estabeleça prioridades. Não acho que essa seja a melhor maneira de definir prioridades porque, ao apenas fazer uma lista diariamente, você vai se deparar com as seguintes situações:

1 Todos os dias você terá que fazer essa lista. Se o seu dia tiver muitas reuniões e você "começar a trabalhar" às 16 horas, vai fazer a lista apenas às 16 horas?

2 Fica inviável investir tanto tempo e esforço mental diariamente para fazer essa lista.

3 Quando listamos todos os dias o que achamos que precisamos fazer, fatalmente trabalharemos apenas em cima daquilo que é urgente e está pegando fogo. Nem sempre o que é urgente é mais importante, mas precisa ser resolvido porque ficou para a última hora.

4 Perdemos a visão macro da coisa quando listamos as atividades diariamente. Assim, podemos entregar, mas não antecipamos nem planejamos com mais inteligência, para, enfim, definir prioridades da maneira correta.

QUAL É A MANEIRA CERTA DE PRIORIZAR AS ATIVIDADES DIÁRIAS?

Faça um planejamento semanal. O melhor dia para fazer isso pode ser sexta ou segunda, a seu critério. Nesse planejamento, você poderá analisar sua lista de projetos e atividades e definir o que deve ser feito na semana. Você também conseguirá analisar os compromissos que terá e quanto tempo sobrará para trabalhar em suas atividades. Por exemplo: se você tiver reuniões na segunda-feira o dia inteiro, não adianta se programar para executar tarefas nesse dia. Você pode, porém, deixar sua terça-feira um pouco mais livre para atender às demandas que ficaram do dia anterior.

No dia a dia, você deve verificar sua lista de tarefas para o dia em questão, os compromissos que terá e suas metas da semana. Aí sim você poderá definir em qual delas vai trabalhar naquele dia (nomeie três, apenas, e depois nomeie outras, se conseguir fazer essas três primeiras). Lembre-se de que, além de compromissos e tarefas, você também terá demandas que entrarão no mesmo dia, possíveis imprevistos e um tempo para organizar suas atividades.

Ter um dia a dia organizado não acontece por milagre – é necessário investir um pouco de tempo nessa organização. Não é para passar mais tempo se organizando que executando, no entanto. Foque no que for mais importante.

Uma maneira legal de saber como priorizar uma tarefa no dia é fazer algumas perguntas mentalmente ao analisar cada tarefa:

- O que trará maior resultado em longo prazo?
- Qual desses itens resultará na melhor recompensa?
- Qual item me fará sentir melhor em longo prazo, se eu realizar hoje?
- Preciso da ajuda de outras pessoas?
- É uma diretriz estabelecida por alguém que não posso controlar?
- Que atividades são consideradas mais importantes pelo meu chefe?
- É importante para alguém que realmente significa algo para mim?
- Continuará sendo importante daqui a um ano?
- O que acontecerá se eu simplesmente não realizar esta tarefa?

Por que as pessoas perdem prazos – e como resolver esse problema

Todos os dias as pessoas perdem prazos ou deixam de cumpri-los. Veja quais são os principais motivos e como contornar essa situação.

MOTIVO 1: SUBESTIMAR O TEMPO NECESSÁRIO PARA EXECUTAR ALGUMA TAREFA

O problema: Geralmente, pessoas que não sabem dizer "não" acabam se sobrecarregando porque não conseguem estimar com muita exatidão quanto tempo elas levarão para executar suas tarefas. Aceitam sem critério para mostrarem que podem entregar e, no meio do caminho, outras coisas aparecem e elas se perdem, quando não se estressam.

A solução 1: Sempre que se programar para executar alguma atividade, estime o dobro do tempo. Pode parecer um exercício quase infantil, mas quando você faz algo, especialmente pela primeira vez, não tem noção real de quanto tempo leva. Vale sempre a pena estimar mais tempo que fazer as coisas correndo e com risco maior de errar.

A solução 2: Com o tempo, se organizando, você aprenderá a identificar melhor as suas prioridades. Quando isso estiver acontecendo, ficará mais fácil dizer "não". Quando você diz "sim" para tudo, não há organização que faça milagres – especialmente porque esse filtro faz parte da organização.

MOTIVO 2: NÃO INSERIR OS PRAZOS NA SUA AGENDA OU LISTA DE TAREFAS

O problema: Projetos, atividades, eventos e diversas ações podem ter prazos. Se você não anota esses prazos em algum lugar, eles certamente se perderão na sua cabeça. Ou você pode até anotar, mas uma coisa em seu caderno, outra em seu post-it – sem uma ordem. Aí os prazos se perdem mesmo.

A solução: Centralize todos os seus prazos em um único calendário, que pode ser uma agenda de papel ou o calendário do seu Outlook, por exemplo. O importante é centralizar todos os prazos em um único lugar para que você possa revisá-los sempre. Uma vez por semana, revise os prazos para as semanas seguintes e antecipe-se no que puder.

MOTIVO 3: VALORIZAR MAIS O CLIENTE QUE A PRÓPRIA EQUIPE

O problema: Não existem critérios e um plano de negócios, então a pessoa se sente ansiosa para aceitar toda e qualquer requisição vinda de um cliente. Com isso, ignora a capacidade de produção da própria equipe e, além de prejudicar a qualidade da entrega, esta pode simplesmente não acontecer, perdendo-se o prazo. Não preciso dizer que a equipe trabalha infeliz e estressada, sentindo-se desvalorizada e sem conseguir fazer um trabalho de qualidade.

A solução: Clientes são importantes, mas sua galinha dos ovos de ouro também. Se você tiver um plano de negócios e seu fluxo de trabalho organizado, conseguirá abrigar novas demandas dos clientes e distribuí-las efetivamente entre a sua equipe. Pode ser necessário contratar mais pessoas ou treinar as que já estão com você. Aprender a dizer "não" para o cliente também é libertador. Se você tiver compromisso com a entrega, 90% dos clientes vão entender.

Questione se os 10% valem a pena. Não dá para aceitar tudo sem critério, prejudicando todo o seu fluxo. Veja se sua equipe não está sobrecarregada e pense um pouco mais antes de aceitar tudo sem critério e distribuição de atividades.

MOTIVO 4: NÃO OUVIR AS PESSOAS QUE TRABALHAM COM VOCÊ

O problema: Você é um gestor ou trabalha em equipe e acredita que ninguém tem tanta competência quanto você para gerenciar as entregas. Com isso, acaba se distanciando de seus colegas, conversando e acompanhando pouco. As pessoas sentem isso e a falta de controle de prazos se mostra no dia a dia.

A solução: Converse com sua equipe, discuta prazos em conjunto, veja como conseguem se organizar com sugestões de todos.

MOTIVO 5: DEIXAR AS COISAS PARA A ÚLTIMA HORA

O problema: Tudo é urgente e não há nenhum tipo de priorização de atividades. Com isso, aquilo que era importante acaba sendo realizado um dia antes ou, muitas vezes, alguns minutos antes do limite do prazo de entrega! Isso gera um estresse enorme e pode causar mais problemas ainda caso haja algum imprevisto e você não consiga executar a atividade na última hora.

A solução: Revise seus prazos semanalmente e antecipe-se no que puder. Deixe sempre uma margem de alguns dias para conclusão. Se seu prazo é na quinta, procure terminar na terça. E por aí vai. Não tem muito segredo nesse caso, a não ser antecipar sempre que puder.

Epílogo

O futuro do trabalho

O trabalho está mudando em um ritmo nunca visto antes na história da humanidade. A tecnologia está cada vez mais afetando todas as profissões. Reportagens sobre profissões que possivelmente terão seus profissionais substituídos por robôs em um futuro breve são cada vez mais comuns.

Não posso dizer, hoje, que profissão pode ser que o meu filho tenha quando ele crescer, porque é provável que as profissões mudem radicalmente na próxima década. Meus pais podiam até tentar dizer algo sobre a minha profissão quando eu era criança (mas certamente jamais adivinhariam que eu trabalharia com internet, visto que a internet, como temos hoje, não existia). Porém, esse período entre a minha infância e o que sou hoje é diferente do período que existe entre o meu filho hoje e quando ele se tornar adulto. Vai ser muito mais rápido, porque a tecnologia promove essa rapidez. A tecnologia influencia também no nosso aprendizado. Temos mais acesso a informações.

Em contrapartida, nosso modo de trabalho está se precarizando. No mundo todo, vemos uma movimentação nessa direção, que se reflete também no Brasil, por meio de ações como a recente reforma trabalhista. Junto a essa tendência, existe praticamente uma imposição de um modo de conectividade permanente. O trabalho está se informalizando. Você recebe se trabalhar por isso, mas apenas se houver demanda. É o chamado trabalho intermitente. Com isso, mais pessoas estão se tornando "empreendedoras de si mesmas". O empreendedorismo, aliás, é o discurso atual, como a salvação que premia os merecidos. Além disso, as pessoas dificilmente trabalham porque gostam, mas porque precisam. Logo, o trabalho é visto como algo negativo, chato, obrigatório. Mudaremos isso no futuro?

Fala-se muito sobre o fim do trabalho como o conhecemos. A verdade é que não temos como saber o futuro. O que podemos fazer é construir desde já um novo modelo de vida, voltado essencialmente para as necessidades da humanidade, buscando sentido naquilo que fazemos e aproveitando nosso tempo de vida da melhor maneira possível. Porque a melhor maneira de saber o dia de amanhã é começar a construí-lo hoje, da forma mais coerente possível com quem nós somos, e torcer pelo melhor.

Lembre-se: não dá para organizar tralha

O primeiro passo para organizar a vida sempre será começar destralhando. Destralhar significa tirar da sua casa, da sua vida, da sua agenda tudo aquilo de que você não precisa mais, que não faz mais sentido manter. Um termo bastante utilizado em produtividade é "backlog", que significa tudo aquilo que você levou para a sua vida, ou chegou até você, e você não deu uma destinação correta ou adequada. Pode ser desde e-mails antigos em sua caixa de entrada até objetos sem uso em um armário da sua casa. Pode ser que você tenha um backlog imenso de coisas que já não sirvam mais, como e-mails, papéis, roupas, acessórios, arquivos digitais e até atividades que você mantém simplesmente porque é mais fácil manter que efetuar o movimento de cancelar.

> BACKLOG: tudo aquilo que você levou para a sua vida, mas não deu uma destinação correta. Desde a pilha de revistas velhas na sua casa até ideias que você anotou em algum lugar e não fez nada a respeito, ou aquela quantidade imensa de e-mails antigos na sua caixa de entrada.

Você não vai acabar com o backlog da noite para o dia (a não ser que realmente dedique um ou mais dias inteiros apenas para esta tarefa enorme). Então é importante que você não permita que essa quantidade de "bagunça" o(a) desanime em seu processo de organização. Lidar com tudo o que for antigo e que talvez não queira mais na sua vida levará um tempo, mas é importante que você comece.

Para começar, inicie agrupando, separando o que for backlog daquilo que já está organizado. Se for físico, use caixas (baratas) para guardar esse material e ir aos poucos lidando com ele. Se for digital, guarde em pastas provisórias. A recomendação básica é a seguinte: todos os dias, quando tiver alguns minutos sobrando ou querendo usar para se distrair entre uma atividade e outra em seu trabalho ou em casa, use para analisar o que tem nas caixas e ir aos poucos jogando fora ou destinando ao local correto. O mesmo vale para os arquivos digitais. Se em um ano você não terminar, jogue fora (isso pode ser uma grande motivação para que você conclua essa análise antes desse tempo).

Você pode começar quando quiser, com o tempo que tiver.

Um conto sobre o tempo

Estêvão é um homem que trabalha muito e nunca tem tempo. Na véspera de Natal, aproveitou que todos estavam de folga para zerar sua caixa de entrada de e-mails. Ele ama o seu trabalho. É casado e tem quatro filhos. Mas nunca tem muito tempo para eles. "Um dia vou ter mais tempo – preciso me dedicar agora", ele sempre dizia. Estavam todos conformados com aquele estilo de vida dedicado.

No ano passado, Estêvão perdeu seu sócio, Marcos, que teve um infarto e morreu. Naquele dia, Estêvão sonhou com seu ex-sócio e amigo. Ele disse que não estava conseguindo descansar nem depois de morto, mas que Estêvão ainda tinha chance de fazer diferente, e que três espíritos o visitariam naquele sonho.

O primeiro espírito chega, pegando Estêvão de surpresa. Ele tem uma luz forte que emana do seu corpo e representa os anos anteriores de sua vida. Mostra como ele brincava sentado no chão da sala de casa, com seus carrinhos, ou correndo atrás do cachorro, dando risada. Seus pais estavam ao redor, prestando atenção em suas proezas. "Quanto tempo livre!", ele pensa. Perturbado por essa visão, coloca um saco de papel na cabeça do espírito para tampar sua luz e pede que ele vá embora.

O segundo espírito chega risonho e com uma tocha na mão. Ele mostra para Estêvão que seu funcionário, o senhor Carlos, que faz a limpeza da companhia e ganha dez vezes menos que Estêvão, está comemorando o Natal com a família. É uma ceia simples, porém muito feliz, e estão todos juntos. A tocha na mão do espírito tem a utilidade de dar um sabor especial à ceia daqueles que fossem "contemplados" com a sua luz. Depois disso, vai embora.

O terceiro espírito veste um manto negro e chega sem falar nada. Em sua mão, está um relógio. Sem dizer uma única palavra, o espírito mostra para Estêvão um futuro solitário, sem família e amigos. Estão todos se divertindo em outro lugar. Aprenderam a ser felizes sem ele, com o passar dos anos.

Após a visita do terceiro espírito, Estêvão acorda chocado, ainda encostado na cadeira do seu home-office, onde adormeceu enquanto organizava seus e-mails. Desde o momento em que pegou no sono, mesmo sendo véspera de Natal, notou que havia mais quatro e-mails novos. Sem querer saber do que se tratavam, fechou a tela do notebook e foi para a sala encontrar sua família.

Sua esposa se mostrou surpresa, pois achou que ele não gostaria de sair e comemorar com eles. Os filhos fizeram piadinhas sobre "o notebook do papai ter ficado sem bateria".

Estêvão sentou-se no sofá e, com os olhos marejados, disse que não perderia mais nenhum momento da vida da família em que tivesse a oportunidade de realmente estar presente. Os filhos nunca o viram falar desse jeito. Sua esposa colocou a mão em seu ombro e apertou, em um gesto encorajador.

Estêvão poderia ser qualquer um de nós. Poderia ser a mãe. Poderia ser o filho.

Ele poderia tranquilamente trocar seu notebook por um celular.

Estêvão não precisa passar o Natal respondendo a e-mails, porque ele já faz isso todos os dias, quando usa o celular enquanto está na mesa almoçando com a esposa ou respondendo o WhatsApp enquanto assiste a um filme com os filhos.

Ele também não precisa ter esse sonho para perceber determinadas coisas um tanto quanto óbvias.

Nem você.

Texto baseado no famoso conto
"A Christmas Carol", de Charles Dickens.

Palavras finais

Todo mundo tem um trabalho.

Mas qual é o SEU trabalho?

Por que você está aqui?

O que faz você levantar da cama de manhã, todos os dias?

Como aproveitar a sua vida não pensando no amanhã, ou no ontem, mas no hoje?

Como você pode aproveitar a SUA vida?

Não desperdice tempo vivendo a vida de outra pessoa.

Não passe o dia embaralhando pastas, batucando o teclado.

Pare com essa glamorização do "estou ocupado".

Mais que viver um dia de trabalho, espero que você tenha, construa e viva, todos os dias, um trabalho muito legal.

Tenha um excelente resto da sua vida!

Thais Godinho

Referências bibliográficas

ALLEN, David. *A arte de fazer acontecer*: o método GTD – Getting Things Done. Estratégias para aumentar a produtividade e reduzir o estresse. Rio de Janeiro: Sextante, 2015.

_____. *Ready for anything*: 52 productivity principles for Getting Things Done. Nova York: Penguin, 2003.

_____. *Making it all work*: winning the game of work and the business of life. Nova York: Penguin, 2008.

ANTUNES, Ricardo. *Adeus ao trabalho*. São Paulo: Cortez, 2015.

_____. *Os sentidos do trabalho*: ensaio sobre a afirmação e a negação do trabalho. 3. ed. São Paulo: Boitempo, 2000.

BARBOSA, Christian. *Equilíbrio e resultado*. Rio de Janeiro: Sextante, 2012.

BUZAN, Tony. *Mapas mentais nos negócios*. Tradução de Paulo Polzonoffi. Rio de Janeiro: Sextante, 2009.

CARMONA, Diego. *Visionários*: desenvolva um novo olhar sobre seu negócio, inove e se destaque no mercado. São Paulo: Gente, 2017.

CARTER, Christine. *O ponto de equilíbrio*. Rio de Janeiro: Sextante, 2016.

COLLINS, James; PORRAS, Jerry I. *Feitas para durar*: práticas bem-sucedidas de empresas visionárias. Rio de Janeiro: Rocco, 1995.

CORDEIRO, João. *Accountability*: o caminho da execução eficaz. São Paulo: Évora, 2014.

COVEY, Stephen R. *Os 7 hábitos das pessoas altamente eficazes*. Rio de Janeiro: Best-Seller, 2015.

_____. *Primeiro o mais importante*. Rio de Janeiro: Sextante, 2017.

COYLE, Daniel. *O segredo do talento*: 52 estratégias para desenvolver suas habilidades. Rio de Janeiro: Sextante, 2012.

CURREY, Mason. *Os segredos dos grandes artistas*. São Paulo: Campus, 2013.

DUHIGG, Charles. *O poder do hábito*. Rio de Janeiro: Objetiva, 2012.

_____. *Mais rápido e melhor*: os segredos da produtividade na vida e nos negócios. Tradução de Leonardo Alves. Rio de Janeiro: Objetiva, 2016.

ELROD, Hal. *O milagre da manhã*. Rio de Janeiro: Best-Seller, 2016.

FENSTERHEIM, Dr. Herbert. *Não diga sim quando quer dizer não*. Rio de Janeiro: Viva Livros, 1975.

FERRISS, Timothy. *Trabalhe quatro horas por semana*: fuja da rotina, viva onde quiser e fique rico. 2. ed. São Paulo: Planeta, 2016.

_____. *Tools of titans*: the tactics, routines, and habits of billionaires, icons, and world-class performers. Nova York: Ebury Digital, 2016.

GAWANDE, Atul. *The checklist manifesto*: how to get things right. Londres: Profile Books, 2010.

GLEI, Jocelyn K. *Manage your day-to-day*: build your routine, find your focus & sharpen your creative mind. Seattle: Amazon Publishing, 2013.

GODINHO, Thais. *Vida Organizada*. São Paulo: Gente, 2014.

_____. *Casa organizada*. São Paulo: Gente, 2016.

GUILLEBEAU, Chris. *Nasci pra isso*: como encontrar o trabalho da sua vida. São Paulo: Portfolio-Penguin, 2016.

HAN, Byung-Chul. *Sociedade do cansaço*. Petrópolis, RJ: Vozes, 2017.

HILL, Napoleon. *Atitude mental positiva*. Porto Alegre: Citadel, 2015.

_____. *A lei do triunfo*: 16 lições práticas para o sucesso. Rio de Janeiro: José Olympio, 2015.

_____. *Como aumentar o seu próprio salário*. Porto Alegre: Citadel, 2017.

_____. *A chave mestra das riquezas*. Rio de Janeiro: Viva Livros, 2016.

KELLER, Gary. *A única coisa*. Barueri, SP: Novo Século, 2014.

LEVITIN, Daniel. *A mente organizada*: como pensar com clareza na era da sobrecarga de informação. Tradução de Roberto Grey. Rio de Janeiro: Objetiva, 2015.

McKEOWN, Greg. *Essencialismo*: a disciplinada busca por menos. Rio de Janeiro: Sextante, 2015.

NEWPORT, Cal. *Deep work*: rules for focused success in a distracted world. Nova York: Grand Central Publishing, 2016.

REIMAN, Joey. *Propósito*: por que ele engaja colaboradores, constrói marcas fortes e empresas poderosas. São Paulo: HSM, 2013.

SEGALL, Ken. *Incrivelmente simples*: a obsessão que levou a Apple ao sucesso. Rio de Janeiro: Alta Books, 2017.

SILVA, Flávio Augusto da. *Geração de valor*: compartilhando inspiração. Rio de Janeiro: Sextante, 2014.

STEWART, Martha. *The Martha rules*: 10 essentials for achieving success as you start, build, or manage a business. Emmaus: Rodale, 2005.

THOREAU, Henry David. *Walden, ou a vida nos bosques*. São Paulo: Ground, 2008.

TRACY, Brian. *Comece pelo mais difícil*: 21 ótimas maneiras de superar a preguiça e se tornar altamente eficiente e produtivo. Rio de Janeiro: Sextante, 2017.

Este livro foi impresso pela Edições Loyola
em papel offset 75 g em janeiro de 2022.